# Política e Religiões no Carnaval

## Haroldo Costa

Nº Cat: 50 - L

**Irmãos Vitale S/A Indústria e Comércio**
www.vitale.com.br
Rua França Pinto, 42   Vila Mariana   São Paulo   SP
CEP: 04016-000   Tel: 11 5081-9499   Fax: 11 5574-7388

© Copyright 2007 by Irmãos Vitale S.A. Ind. e Com. - São Paulo - Brasil
Todos os direitos autorais reservados para todos os países. *All rights reserved.*

CIP-BRASIL  CATALOGAÇÃO-NA-FONTE
SINDICATO NACIONAL DOS EDITORES DE LIVROS, RJ

C872p
Costa, Haroldo, 1930 -
  Política e religiões no Carnaval / Haroldo Costa. -
São Paulo : Irmãos Vitale, 2007.
  256p.
  ISBN 978-85-7407-227-2
  1. Carnaval - Brasil - História. 2. Canções carnavalescas -
Brasil - História e crítica. 3. Carnaval - Aspectos sociais -
Brasil. 4. Música popular - Aspectos políticos - Brasil.
5. Música popular - Aspectos sociais - Brasil. I. Título.

07-3717.                                               CDD: 394.250981
                                                       CDU: 394.25(81)
01.10.07         02.10.07                003720

**CRÉDITOS:**
**Ilustração da capa**
Lan
**Projeto gráfico e capa**
Marcia Fialho
**Fotos:**
p. 5 – Marcia Fialho
p. 16 – Marcia Fialho
pp. 18 e 19 – Biblioteca Nacional
p. 20 – Ilustração de Lan (rebaixamento da imagem da capa)
pp. 21, 22 e 23 – Biblioteca Nacional
p. 25 e 26 – Fornecidas por Luis Antonio Almeida
p. 33 – Fornecida por Luis Antonio Almeida
p. 38 – Biblioteca Nacional
p. 39 – Fornecida por Luis Antonio Almeida
p. 80 – Arquivo da família de Eduardo Souto

p.91 – Irmãos Vitale – assim como todas as partituras que aparecem neste livro
p. 148 – Fornecida por Eduardo Pinto, diretoria do Salgueiro
p. 179 – Fornecidas por Luis Antonio Almeida
p. 193 – Fornecidas por Henrique Matos
pp. 198 e 199 – Alexander Orloff – do livro *Carnival Myth and Cult*. Editora Perlinger Verlag - D. R.
p. 204 – Fornecida por Luis A. Almeida
p. 235 – Fornecida por Henrique Matos
p. 241 – Bianca Wickbold
p. 251 – Fornecidas por Luis Antonio Almeida
**Revisão de texto**
Marcos Roque
**Gerente de projeto**
Denise Borges
**Produção executiva**
Fernando Vitale

# Agradecimentos

Biblioteca Nacional
Diretoria Cultural do Salgueiro
Eduardo Pinto
Fernando Araújo
Henrique Matos
Hiram Araújo
Instituto Histórico e Geográfico Brasileiro
Liesa
Luis Antonio Almeida
Museu da Imagem e do Som
Ricardo da Fonseca
Rio, Samba e Carnaval
Rosa Maria Araújo

Dedico este livro

# AO FOLIÃO

# DESCONHECIDO

# Sumário

Prefácio ........................................................... 9
No princípio era confuso... ................................ 13
Isto posto, era o imposto .................................. 15
Introduzindo o entrudo ..................................... 17
Agradar a corte era preciso ............................... 21
E a Corte chegou... ........................................... 27
Sociedades na luta ............................................ 31
Liberdade como alegoria ................................... 35
Tem República no desfile .................................. 41
Um é bom... Dois, bem melhor .......................... 45
Quem canta, encanta e desencanta ................... 47
Trilha sonora para o país do carnaval ................ 51
Carnaval sem humor... Não dá .......................... 55
De olho no poder .............................................. 59
O carnaval vai à guerra ..................................... 67
Carnaval eleitoral ............................................. 71
De olho no voto ................................................ 79
Mirando no Gegê .............................................. 83
O carnaval muda a cara .................................... 89
Brasil céu de anil .............................................. 95
Registrando sempre .......................................... 103
Estado Novo, aliado novo .................................. 107

| | |
|---|---|
| Nos ares da democracia | 125 |
| ...E dá Getúlio de novo | 135 |
| Nas águas do peixe vivo | 145 |
| Letra jota sobe de cotação | 149 |
| Perseguindo a história | 153 |
| Censura tem senso? | 159 |
| Voltando ao passo da democracia | 175 |
| Negro também é cultura | 179 |
| Liberdade no samba | 185 |
| E a política do carnaval? | 195 |
| Nos terreiros, nos altares e nos andores | 201 |
| Pelas escadas da Penha | 211 |
| Pelo amor de Deus... | 217 |
| Bloco Carnavalesco Primos do Oriente | 229 |
| Lá vem chegando a procissão | 233 |
| Somos de todos os santos | 239 |
| Referências bibliográficas | 253 |

# Prefácio

## O voto também canta

Mestre Haroldo Costa é um erudito, apaixonado pela cultura popular. Sabe tudo de carnaval, música, escolas de samba. Escritor de texto enxuto, correto, bem-humorado, elegante, ele tem os seus truques! Como, por exemplo, o de espremer em uma centena e quebrados de páginas, um pequeno para médio grande livro que fica em pé na estante da cada vez mais numerosa coleção de obras sobre o carnaval, um tema inesgotável.

Aconselho o leitor que cometer o equívoco de desperdiçar tempo passando os olhos sobre este dispensabilíssimo prefácio, no jeito do antigo nariz-de-cera da imprensa da monarquia, a pousar na mais confortável poltrona da sala ou, conforme a preferência nordestina, a espichar-se na rede antes de iniciar a leitura do volume que carrega debaixo do braço.

Cautela testada na experiência: este é livro para ser lido de uma assentada, que agarra o leitor pelo gasganete e só o libera na última linha. Uma história do carnaval, que recua para a rápida e educativa pesquisa da sua origem e desenvolvimento ao longo dos séculos, e desfila nas praças, avenidas, ruas, vilas, caminhos, estradas, pula e canta nos bondes, ônibus e nos automóveis de capota arriada dos saudosos corsos do Rio amorável, feliz, moleque, galhofeiro, de alma leve, dos suspiros dos saudosistas. Bem entendido, do veterano que batuca no computador essa conversa tediosa.

Pois, o Haroldo Costa é um jovial espírito que desdenha o rodopio dos anos e das décadas. Não é à toa que conta aqui o carnaval acompanhando as suas marchas, os seus sambas, as suas canções.

Laçado de surpresa pelo convite virado pelo avesso de fazer a apresentação de autor famoso, dei tratos à bola e escarafunchei minhas lembranças do chamado tríduo momesco (eta nomezinho pernóstico!). Resultado mofino: apertado na fantasia desconfortável para o giro tijucano ou o baile infantil de infernal barulheira. Corso, só visto da calçada da avenida Rio Branco. Anos mais tarde, já taludo, tomei gosto pelos bailes do interior, das cidades mineiras em que meu pai foi juiz: Cataguases, Araguari, Palma. Depois chegou a minha vez de levar os filhos para a tortura dos bailes no Fluminense.

Lavei a miopia nos desfiles das escolas de samba, desde os tempos da avenida Rio Branco, em pé, debaixo de chuva torrencial, na arquibancada montada em frente à Biblioteca Nacional ou no balcão do antigo Banco Nacional, na avenida Presidente Vargas.

Ao Sambódromo fui três vezes, duas a convite do governador Leonel Brizola. De lá para cá, escarrapachado na poltrona, mato as saudades pela televisão.

É pouco, reconheço! Mas, com tais rodeios, cheguei aonde devia ter começado.

Repórter político, com quase 60 anos na cacunda de atividade ininterrupta, cobri várias campanhas eleitorais de candidatos à presidência da República e a governador de diversos estados. Haroldo Costa tangencia a abordagem na pesquisa de letras e músicas de sambas, e marchas feitas de encomenda para as campanhas de Juscelino Kubitschek, de João Goulart, de Fernando Collor de Mello. Ou nas homenagens nem sempre espontâneas dos desfiles das escolas de samba.

Nas minhas lembranças, poucas vezes vi o povo cantando em comícios. Nas campanhas presidenciais, nunca. A mais perfeita letra tem a assinatura de Miguel Gustavo para a campanha de Jango Goulart a vice-presidente na chapa de JK, em 1955: "Na hora de votar / Eu vou jangar / É Jango, é Jango / É o Jango Goulart".

Por alguma falha da cuca, puxem-me as orelhas. O nome do candidato popular transformado em verbo foi um achado que rendeu votos e a derrota do impecável Milton Campos, da UDN, traído por Jânio Quadros na trapaça do Jan-Jan. O povo conjugava em coro, nos comícios, o verbo jangar.

Sucesso igual ou parecido, nenhum. O embirutado Jânio Quadros, da renúncia com menos de sete meses de mandato, não gostava de música, detestava cantoria e desprezava discursos. Ele era o astro do palanque com o discurso repetido que levava multidões ao delírio.

Jânio renuncia, Jango Goulart assume a presidência no regime parlamentarista alinhavado na urgência da saída do risco iminente de uma revolução que racharia as Forças Armadas. Jango derrubou o parlamentarismo que o protegia e, sem escudo, esticou a corda até arrebentar nos quase 21 anos da ditadura militar com o rodízio de cinco generais-presidente: Castelo Branco, Costa e Silva, Emilio Garrastazu Médici, Ernesto Geisel e os intermináveis seis anos do inesquecível presidente, general João Baptista Figueiredo.

Na ditadura o povo não canta. O que canta é o cacete no lombo dos presos políticos nos antros de tortura do DOI-Codi.

Depois de Jânio, a multidão voltou a cantar nos comícios das Diretas-Já.

Em eleição indireta, a campanha não empina. Tancredo Neves, o presidente que não chegou a tomar posse, foi eleito na virada do Colégio Eleitoral, em 15 de janeiro de 1985, derrotando Paulo Maluf, candidato oficial ou oficioso.

Dos cinco anos do governo do presidente José Sarney, passamos por cinco campanhas, com dois bis, para as eleições de Fernando Collor de Mello e do vice Itamar Franco, que assumiu a presidência com a deposição de Collor; de Fernando Henrique Cardoso e de Luiz Inácio Lula da Silva, na quarta tentativa, em 1998, reeleito em 2002.

Na era da televisão, dos programas eleitorais em rede nacional obrigatória, as campanhas foram dominadas pelos marqueteiros e engessadas como múmias na tumba de produções profissionais. *Slogans* encomendados e pagos à vista não podem ser levados a sério.

A campanha de rua, espontânea, arrastando multidões, ficou nas lembranças dos que viram e que têm o que contar. Acompanhei várias em muitos estados. E em todos, a polarização esquentava na reta final com intensa mobilização popular.

Faço a minha eleição com voto único e elejo o Rio Grande do Norte da rivalidade dos antigos aliados na UDN – senador Dinarte Mariz e deputado Aluísio Alves – como o estado de campanhas mais alegres, inteligentes, criativas, de mais intensa e participante mobilização popular dos tempos dourados das ilusões e sonhos das promessas da democracia.

Na campanha de 1960, o deputado Aluísio Alves rompeu com o cacique da UDN, senador Dinarte Mariz e se lançou candidato. Dinarte sustentou a candidatura do exemplar deputado Djalma Marinho.

Solto no espaço, sem a sustentação de uma grande legenda, Aluísio foi para a rua e deu asas à criatividade. Com incrível resistência para a magreza sertaneja do corpo descarnado, começou a correr a pé, visitando casa por casa, todos os bairros de Natal. Daí para o interior. E arrastou multidões que se renovavam nas marchas que emendavam dias e noites. Na sofisticação da reta de chegada, o caminhão com equipamento de som alternava com as caminhadas em roteiros de dias seguidos. Aluísio fazia 20, 30 discursos por dia nas paradas em que o povo esperava, durante horas, para os minutos de eloqüência da voz rouca.

Natal e o Rio Grande do Norte partiram ao meio. O candidato udenista, Djalma Marinho, escolheu o vermelho para tingir a sua campanha. Em centenas, milhares de casas, dos bairros ricos às vilas pobres, tremulavam as bandeirolas vermelhas fincadas pelos eleitores do candidato da UDN.

Aluísio Alves marcou a candidatura com o verde da esperança. E facilitou a vida para os caminhantes e os fanatizados pelo estilo popular da campanha: bastava um ramo verde colhido à beira da estrada para a improvisação do estandarte.

Nas marchas, nas caravanas, nos comícios o povo cantava. A veia poética de afamados autores de letras de marchinhas saborosas, com o toque de malícia, a picada da maldade, improvisou letras que mereciam ser guardadas em arquivo.

Muitas ainda foram relembradas no enterro de Aluísio Alves, em maio de 2006, quando a cidade retirou dos baús os desbotados retratos da campanha para a despedida emocionante na capital moderna, com quase um milhão de habitantes e que nunca mais verá uma campanha como as de 1960, 1964, antes da noite da ditadura.

Nem cantará as marchinhas que brotavam do povo e alegravam a áspera briga pelo voto.

Naquele tempo, no Rio Grande do Norte, o voto cantava.

*Villas-Bôas Corrêa*
*Repórter Político*

# Capítulo 1

## No princípio era confuso...

Não é de agora que carnaval e política se freqüentam, trocando informações, métodos e procederes. Os acontecimentos relevantes, aqueles que marcaram, transformaram ou se fixaram como fatos de nossa história; os personagens, pitorescos ou carrancudos, têm sido fatores permanentes na crônica carnavalesca nascida da observação e do humor populares, refletidos nas fantasias ou nas canções. Poucos países terão, no seu currículo carnavalesco, um cabedal acumulado de registros visuais ou sonoros que possa recontar sua própria vivência através dos tempos. O Brasil é um deles, tendo como arcabouço o carnaval carioca.

Explosão de sentimentos, catarse coletiva, quebra de tabus, subversão dos códigos estabelecidos, liberação da libido, quaisquer que sejam a interpretações que se dê ao fato carnavalesco, nenhuma delas separadamente explica o fenômeno da sua existência nas diversas civilizações. É tudo isso e muito mais. Junte-se ainda o uso de máscaras, que é uma constante na maioria dos povos e culturas, como lembra Roger Callois, em *Les jeux et les hommes*. "A humanidade sempre usou máscaras", afirmou o filósofo e sociólogo francês, numa observação que levanta interpretações a partir das duas titularidades do autor.

Olhando para o passado, na teatralidade greco-romana, nas danças asiáticas e latino-americanas, encarnando monstros, demônios, espíritos e bufões, nas festas de colheita, nos funerais e na iniciação de jovens, nas cerimônias pagãs da Idade Média, encontramos a idéia da máscara de rosto ou de corpo, expressando poder, ansiedade, alegria, desejo e tristeza.

Na atualidade, ela se faz presente na sátira aos poderosos de ocasião, em festejos folclóricos e nos carnavais espalhados pelo mundo.

Adorno com propriedades lúdicas ou ritualísticas, até nas tatuagens, a máscara está intrinsecamente ligada ao destino do homem e no carnaval encontrou seu hábitat ideal.

A antiguidade e a contemporaneidade de sua celebração atestam quanto o carnaval é intrínseco na composição política e religiosa dos povos. Durante muito tempo sustentou-se que a sua origem estaria nos festins greco-romanos, na mistura de Dioniso com Baco, sem descartar Saturno, origem do preceito, diríamos, filosófico, do "liberou geral".

Contudo, pesquisas e descobertas mais recentes assinalam que, em torno dos séculos IV e V a.C., os judeus, adotando uma forma muito usada na Babilônia, festejavam o Purim, que consistia no desafio às leis de Moisés por uma turba bêbada e ensandecida, mascarada, expondo os rabinos ao ridículo. Homens e mulheres vestiam os trajes uns dos outros, dois rivais disputavam o título de rei (Haman) e o perdedor era crucificado. Isso acontecia como parte das festas de celebração da passagem do ano. Aliás, tal como hoje, a época era propícia para a prática diversificada de comemorações. Os teutônicos tinham no Yule o seu momento maior. Um archote gigante queimava, durante a última noite do ano, para saudar o nascimento do sol. Cabras, bodes, porcos, cavalos, javalis eram sacrificados e oferecidos ao deus Frey. Grandes banquetes eram preparados, bolos com forma de animais eram servidos. Uma alegre procissão, seguindo um navio sobre rodas que levava a imagem de Frey, era composta de uma multidão fantasiada de urso, boi, veado e outros bichos. Homens e mulheres invertiam papéis e funções, cantavam canções eróticas, dançavam e bebiam numa orgia contínua. Tinha que haver fôlego.

Claro que ainda não se tratava de carnaval, na acepção que foi adquirida mais tarde, mas, não há dúvida, estavam ali as primeiras raízes, os embriões que, desenvolvidos e sistematizados, transformaram-se nos primórdios carnavalescos.

# Capítulo 2

## Isto posto, era o imposto

Usado como estimulante para ressaltar a bondade dos governantes e, igualmente tolerado, quando convém, pelas religiões, o carnaval vem fazendo sua história através dos séculos. O mesmo se poderá dizer sobre a presença do fator político nas manifestações carnavalescas em várias épocas e latitudes. A história está pontilhada de episódios de subversão da ordem vigente, tendo os festejos carnavalescos como pano de fundo, sendo que o mais famoso ficou sendo o carnaval de 1780, na região de Romans (vizinha de Grenoble e Valence, banhada pelo rio Rhône) na França, atual província de Dauphiné. Lá pelo século XVI eram permanentes os conflitos entre os aldeões, artesãos, camponeses e a elite representada pelos proprietários de terras, os burocratas, o clero e os burgueses. A causa básica do litígio eram os impostos, cada vez mais pesados, em número e percentual para muitos, e a privilegiada isenção fiscal para uma minoria. Não incorre em erro quem encontrar, por aqui, semelhança em nossos dias.

As escaramuças localizadas, que aconteciam não raramente e que tinham ainda um componente importante, que era a disputa religiosa entre os católicos e os huguenotes, razão da tristemente famosa noite de São Bartolomeu em 24 de agosto de 1972, desembocaram numa sangrenta batalha à fantasia que aconteceu no dia 16 de fevereiro de 1780, terça-feira gorda, marcada como a que teve o maior número de mortos, e por ter resultado na peste que grassou na região e arredores mesmo seis anos depois.

A luta de classes teve, no carnaval romanês, a sua expressão mais evidente e crua, antecedendo muitas insurreições sociais que aconteceriam em vários lugares e sob outras circunstâncias. Àquela altura a concepção de carnaval na Europa já tinha se cristalizado como evento coletivo, tendo como partícipes as diversas representações da sociedade, fossem rural e/ou urbana. Nos castelos da aristocracia e nas ruas ou praças, os festejos se realizavam com igual intensidade e diferentes propósitos. A ritualística popular e a simbologia, em muitas províncias, iam tomando vulto nas comemorações que tanto privilegiavam representações zoomórficas, como de urso e carneiro, o que já insinuava forte intenção política, ou religiosa, tendo São Brás como padroeiro, o mesmo que aqui no Brasil é conhecido como o que desengasga.

No carnaval dos abastados era maior a presença feminina. As damas com fantasias caprichadas e, em geral, sempre mascaradas, acrescentavam o condimento de luxúria e mistério necessários à festa. Aliás, até hoje permanece a máxima: carnaval sem mulher não é carnaval.

# Capítulo 3

## Introduzindo o entrudo

É comum atribuir-se o início da história do carnaval no Brasil com a chegada da família real, em 1808, já que em Portugal os festejos eram realizados há muito tempo, especialmente baseados no entrudo, que foi muito cultivado por aqui. Acontece, porém, que em 1742, com a vinda de 60 casais naturais da ilha dos Açores para se estabelecerem no Sul do país, por determinação das autoridades portuguesas, que doavam "um quarto de légua" para cada casal, lá chegaram também as primeiras manifestações do carnaval ibérico. A cidade que eles fundaram recebeu, inicialmente, o nome de Porto dos Casais; mais tarde, foi batizada definitivamente como Porto Alegre.

Como não poderia deixar de ser, o entrudo era o motivo principal das festas carnavalescas, com todo o seu cortejo de brutalidade e ofensas físicas. E a cada ano, os promotores da brincadeira se esmeravam na busca pelo pior. As pessoas lançavam umas as outras água pútrida, laranjas de cera recheadas com coisas inimagináveis, além de ovos, fezes, farinha, urina; enfim, tudo estocado cuidadosamente antes do uso. Assim como aconteceria no Rio de Janeiro muitas décadas depois, houve grande repressão por parte das autoridades. Em 1837 o Conselho Geral proíbe, pela primeira vez em Porto Alegre, o entrudo, com a seguinte postura policial:

> Fica proibido o jogo do entrudo dentro do município; qualquer pessoa que o jogar incorrerá na pena de dois mil réis e doze, e não tendo com que satisfazer, sofrerá de dois a oito dias de prisão; sendo escravo, sofrerá oito dias de cadeia, caso o seu senhor o não mandar castigar na cadeia com cem açoites, devendo um e outros infratores ser conduzidos pelas rondas policiais à presença dos juízes de paz, para os julgarem à vista das partes e testemunhas que presenciarem a infração. As laranjas do entrudo que forem encontradas nas ruas e

estradas serão inutilizadas pelos encarregados das rondas. Aos fiscais com seus guardas também fica pertencendo a execução desta postura.

Na verdade foi uma tentativa de proibição, porque a postura não pegou. Outras foram editadas, mas, por vários anos, o entrudo continuou firme e forte, desafiando a lei. Só não houve em 1856, devido a uma epidemia de cólera na cidade, mas, no ano seguinte, voltou com toda força e assim foi até o início do século XX.

*No duello entre esses dois campeoes, fazemos voto para que o Entrudo morra d'uma vez.*

*S. Ex. o Chefe de policia comprehendeo que o seu famoso edital prohibindo o Entrudo foi considerado pelo povo como uma simples cartola e... tratado com todo o desrespeito e devida desconsideração.*

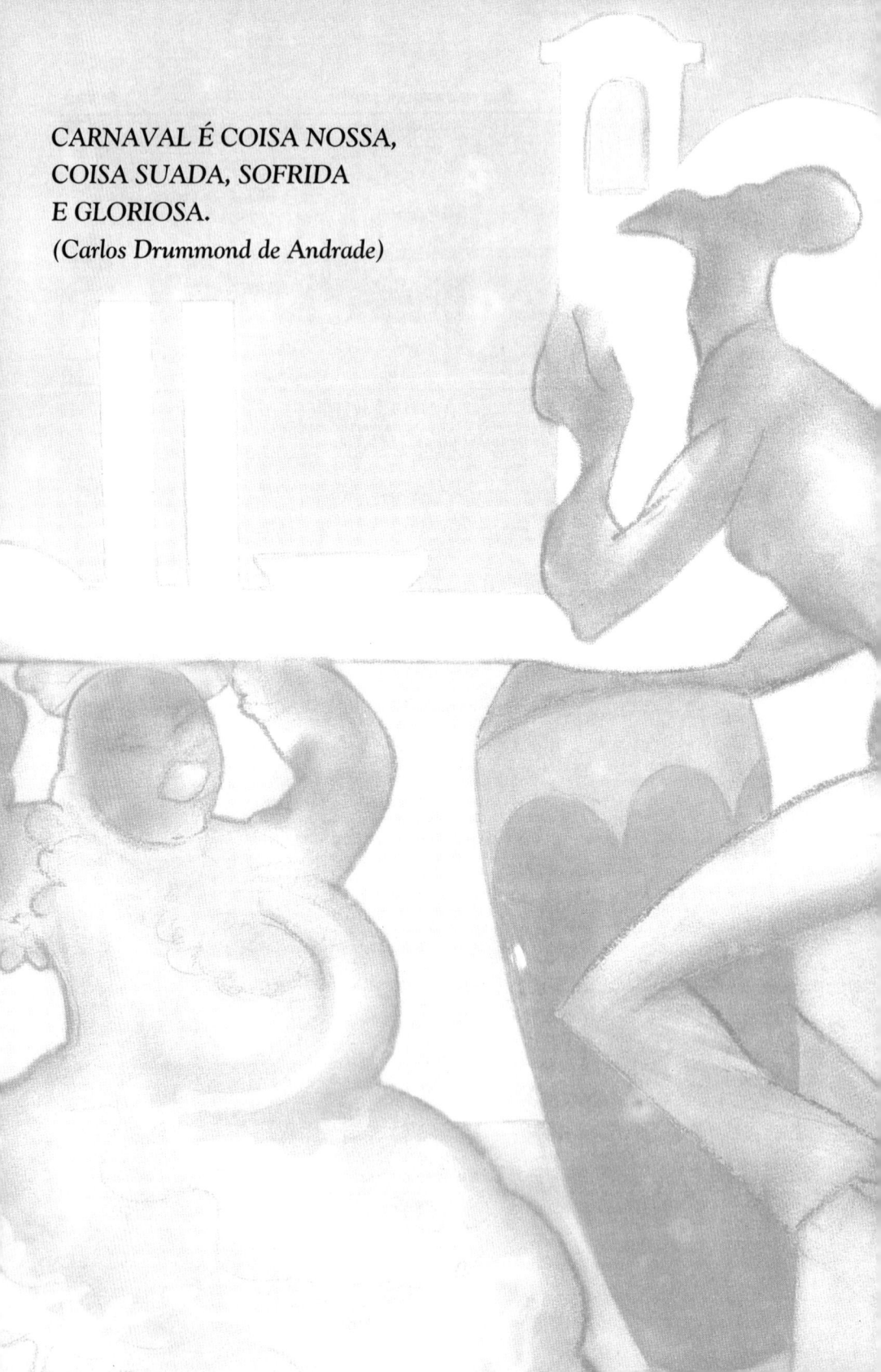

CARNAVAL É COISA NOSSA,
COISA SUADA, SOFRIDA
E GLORIOSA.
(Carlos Drummond de Andrade)

# Capítulo 4

## Agradar a corte era preciso

No Rio de Janeiro o carnaval, senão como denominação, mas como espírito, também começou muito antes da época que, em geral, se atribui. Na segunda metade do século XVIII foram realizadas duas festas que marcaram época e deram o que falar. A primeira, em 1762, foi por ocasião do nascimento do príncipe da Beira, d. José.

As comemorações se prolongaram por muitos dias, com as indispensáveis cerimônias religiosas, seguidas de touradas, jogos das argolinhas, danças, farsas, representações teatrais e carros alegóricos. Redigido por um autor que ficou desconhecido para a história, um pequenino livro, que pode ser considerado libreto da festa, nos dá conta do roteiro cumprido. O título é: *Epanáfora Festiva ou Relação Sumária das Festas com que a Cidade do Rio de Janeiro Capital do Brasil, se celebrou o feliz nascimento do Sereníssimo Príncipe da Beira Nosso Senhor. Lisboa. M.DCC.LXIII.*

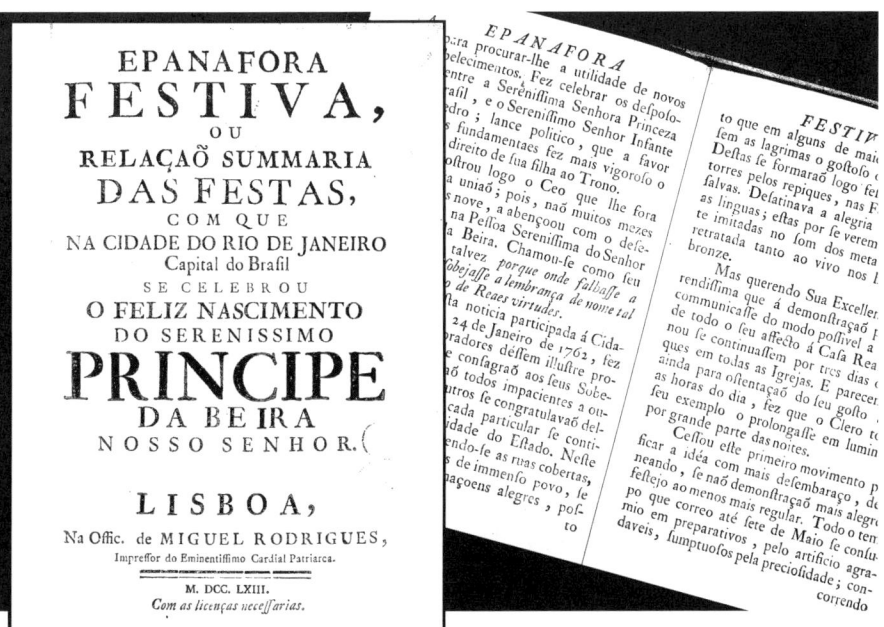

A outra retumbante festança foi em 1786, consagrando o casamento do príncipe d. João, que depois seria d. João VI, com a princesa dona Carlota Joaquina. Organizou-se um verdadeiro préstito chamado, na época, de "carro de idéias", antecedente dos hoje, cada vez mais elaborados, carros alegóricos das escolas de samba.

Daquelas construções ousadas e de acabamento impecável há uma descrição detalhada e com os desenhos originais do seu autor, o artista Antonio Francisco Soares, na biblioteca do Instituto Histórico e Geográfico Brasileiro, com o "discreto" título "Relação dos magníficos carros que se fizeram de arquitetura perspectiva e fogos, os quais executaram, por ordem do Illmo. e Exmo. Senhor Luiz de Vasconcellos e Sousa, Capitão General de Mar e Terra e Vice-Rei dos Estados do Brasil nas Festividades dos desponzorios". De acordo com o relato de vários historiadores, as festas que duraram – veja a coincidência – três dias (2, 3 e 4 de fevereiro) foram absolutamente inéditas. Jamais se tinha visto algo parecido.

O cortejo – ou, se preferir, préstito – foi montado no Passeio Público e percorreu as principais ruas da cidade, chegando até ao campo de Santana. A ordem dos carros era a seguinte: 1) Carro de Vulcano; 2) Carro de Júpiter; 3) Carro de Baco; 4) Carro dos Mouros; 5) Carro das Cavalhadas Sérias; 6) Carro das Cavalhadas Jocosas.

O desenho que aqui temos, reproduzido por Luiz Jardim, retrata o quinto carro que, deve ter sido o mais importante, porque Soares dedicou-lhe cinco páginas do seu folheto. De acordo com a descrição, ele tinha 50 palmos de altura e era puxado por quatro cavalos brancos. Representava o templo de Himeneu e, entre outras figuras (pajens, fâmulos e bufões), havia uma banda de música, bandeiras, flores e laços de fitas. A figura central – o destaque, digamos – descansava num pavilhão que trazia, no alto, os brasões de Portugal e Espanha. Ainda tinha uma guarda de honra com 24 cavaleiros, todos da melhor estirpe e trajados com roupas bordadas a ouro. Em matéria de alegoria e fantasia, começamos bem.

Durante o desfile, sempre acompanhado por uma multidão, foram distribuídas poesias do próprio Antonio Soares. Uma delas, a décima, foi dedicada a d. Luiz de Vasconcellos e Sousa, e dizia o seguinte:

O vosso nome Luiz
Hum claro enigma produz:
pois, tirando o i sois Luz
e tirando o u sois Liz.
Estes dous caracteres quis,
Que para os vossos louvores,

fossem fieis mostradores
de que sois com energia
flor de Liz na bizarria
Luz do sol nos resplendores.

Como se vê, nosso poeta não deixou por menos. Também pudera, d. Luiz era o patrocinador.

Creio, aliás, que seja pertinente termos aqui um breve perfil desta figura tão importante na história de nossa cidade e tão pouco conhecida. Centenas de pessoas passam diariamente pela rua que tem o seu nome, em um dos lados do Passeio Público, sem se dar conta que aquele oásis entre a Lapa e a Cinelândia foi criado por ele. Admirador do talento e dos trabalhos de Valentim da Fonseca e Silva, que passou para a história como Mestre Valentim, o vice-rei, que era incentivador das artes e político refinado, encomendou a construção do Passeio promovendo, assim, a primeira reforma urbana do centro da cidade.

Apreciador de música, não deixou que faltassem áreas onde pudessem ser realizados concertos e onde, também, fosse possível dançar. Ele incentivava as festas populares; e a realização dos festejos comemorativos do casamento contemplava dois aspectos importantes: diversão para a população e efetivo agrado à metrópole.

Criando, investindo, incentivando, a presença de d. Luiz Vasconcellos à frente dos destinos políticos do país e da cidade deu ao Rio de Janeiro um momento de esplendor e, através dele, começou a se desenhar o que viria a ser o carnaval carioca.

Se há um consenso entre os vários estudiosos da vida e do comportamento dos habitantes da nossa cidade, é que poucas vezes houve tantas oportunidades de assistir e participar de festas como no período que foi da chegada da Corte à abdicação de dom Pedro I. Na narrativa do historiador Gastão Cruls, missas em ação de graças, procissões, te-déuns, cortejos, desfiles militares, batizados, até exéquias, como da rainha d. Maria I, eram motivo para a mobilização das pessoas de todos os níveis sociais. Enfim, tudo terminava em festa. E motivo era o que não faltava. Entretanto, nenhuma festa excedeu as que aconteceram por ocasião da chegada da princesa Leopoldina e seu casamento pouco tempo depois; a coroação de d. João VI, rei de Portugal; e a aclamação de dom Pedro I, imperador do Brasil.

As cerimônias eram realizadas na Capela Real, as comemorações oficiais no Paço Imperial e dali ganhavam as ruas. E, como de hábito, não era coisa para apenas uma noite. Durante vários dias o povo dançava e cantava nas ruas ornamentadas com arcos romanos, templos gregos, obeliscos e apreciava cavalhadas, corridas de touros e danças de índios. Geralmente, o epicentro era no campo de Santana onde, em 1818, foi construída uma edificação para a coroação de d. João VI chamada palacete, mas que, na verdade, era um pavilhão de madeira um pouco elevado do solo.

A algazarra, a confraternização, a bebida franca, tudo parecia carnaval.

E a música? O que se cantava? Quais os ritmos predominantes? Pelo que se sabe eram modinhas, lundus e tiranas. O que demonstrava a mistura que, a partir daquela época, começaria a se desenvolver e a se aprofundar. De andamentos diferentes, essas três modalidades não se conflitavam. Antes, se sucediam de acordo com o grau de animação que a festa ia adquirindo. Portugueses, negros e espanhóis iam levando sua contribuição rítmica e melódica, cada uma a seu tempo, mas deixavam no ar as partículas necessárias para a fusão que, fatalmente, iria acontecer.

A musicalidade, nas ruas, era tão esfuziante que deixava impressionados os viajantes estrangeiros. O francês Louis de Freycinet, por exemplo, foi taxativo: "De todas as artes de recreio cultivadas pelos brasileiros e portugueses, a música é a única que para eles tem mais atrativos e à qual eles se dedicam com mais gosto".

Menor não foi, também, o entusiasmo de Spix e Martius que, logo na chegada, perceberam que "o brasileiro tem, como o português, fino talento para a modulação e progressão harmônica, e baseia o canto com o simples acompanhamento do violão".

# Capítulo 5

## E a Corte chegou...

Com a chegada da família real ao Rio de Janeiro, depois de breve estada na Bahia, vieram também as sementes do carnaval, tal como era conhecido na Península Ibérica. O hábito do entrudo, que já era popular no sul do país, foi imediatamente adotado pelo carioca. Além dos baldes de água atirados das sacadas, dos limões-de-cheiro e do pó-de-mico usados largamente pela população entre si, havia os que aproveitavam a ocasião para manifestar o seu desagrado a certas autoridades municipais e, até mesmo, à família imperial. Foi o que aconteceu com a atriz portuguesa Estela Sezefredo – então com 15 anos de idade, que mais tarde se casaria com o ator João Caetano –, que arremessou um limão-de-cheiro (de cheiroso não tinha nada) no cortejo de dom Pedro I, tendo sido, por causa disso, presa num aljube e tendo o seu nome registrado.

Deve-se consignar que dom Pedro I era um grande apreciador do entrudo, passando o seu entusiasmo para o filho que, na descrição de Viriato Correia, "apesar de toda sua austeridade, dom Pedro II servia-se de limões-de-cheiro e das bacias d'água para 'brincar' o entrudo na Quinta da Boa Vista".

E o historiador Viriato cita, ainda, o testemunho do cronista Henri Raffard: "Nos primeiros dias da maioridade, nosso segundo imperador molhava tanto as irmãs que, certa vez, d. Maria Antonia lhe pediu que não continuasse a brincadeira para que as princesas não adoecessem".

O pintor francês Édouard Manet, tido como o pai do estilo denominado impressionismo, quando passou pouco mais de dois meses no Rio de Janeiro, de 5 de fevereiro a 10 de abril de 1849, ainda um jovem grumete, viveu a realidade do entrudo, segundo noticiou à sua família através das cartas que enviou. Em uma delas, descreveu para sua mãe:

O carnaval decorre aqui de uma maneira muito engraçada. Fui, como todos, vítima e algoz. Por volta das três horas da tarde, as mulheres da cidade posicionam-se nas suas janelas e atiram "limões", bolas de cera cheias de água, em todos os homens que passam pela rua. Os tais "limões", quando atingem o seu alvo, partem-se e deixam o indivíduo encharcado. É permitido aos homens revidar. Eu, de minha parte, fiz pleno uso de tal direito. À noite, tem lugar um baile de máscaras à maneira parisiense.

Sem dúvida, teve mais sorte do que o arquiteto Grandjean de Montigny, integrante da Missão Francesa, que faleceu vítima de pleurisia adquirida numa gripe mal curada, resultado de um banho tomado a contragosto na rua.

Muita gente era, visceralmente, contra o entrudo e seus jogos perigosos. Diversos jornais faziam campanha contra, especialmente *O Jornal* que, diariamente, saía com um artigo fulminante, chamando-o, no mínimo, de "jogo selvagem". Volta e meia saía um edital ou postura municipal condenando a, se assim podemos chamar, comemoração. Um desses editais, publicado semanas antes do carnaval de 1857, curiosamente tem termos e penalidades semelhantes àquele de Porto Alegre. É só comparar.

O Dr. Antonio Rodrigues da Cunha, cavaleiro das ordens de Cristo, Imperial da Rosa e Real Conceição da Vila Viçosa, 2º delegado de polícia da Corte, por Sua Majestade o Imperador que Deus guarde etc.: Faço saber aos que o presente edital virem que se acha em execução a seguinte postura: Tit. 8º, §2º – Fica proibido o jogo do entrudo dentro do município; qualquer pessoa que o jogar incorrerá na pena de 4 $ a 12 $ e, não tendo com que satisfazer, sofrerá oito dias de cadeia caso seu senhor não mande castigar no calabouço com cem açoites, devendo uns e outros infratores ser conduzidos pelas rondas policiais à presença do juiz, para os julgar à vista das partes e testemunhas que presenciarem a infração. As laranjas de entrudo que forem encontradas pelas ruas ou estradas serão inutilizadas pelos encarregados das rondas. Aos fiscais com seus guardas também fica pertencendo a execução desta postura. E, bem assim, fica proibido das 10 horas da noite até 4 da manhã andarem indivíduos pelas ruas da cidade com máscara, sendo os infratores presos e punidos com pena de desobediência. E para que chegue à notícia de todos, mandei publicar o presente edital. Rio, 14 de fevereiro de 1857. E eu, Antonio Joaquim Xavier de Melo, escrivão de polícia, o subscrevi.

É interessante observar como não é de hoje que a corda arrebenta sempre do lado mais fraco. A multa era, relativamente, pequena para quem podia pagar e quem não podia, no caso os escravos, era açoitado ou padeceria oito dias na cadeia.

Curiosamente, na Bahia não era diferente. Na mesma época, o entrudo era popular em Salvador e significava parte do carnaval, porque já havia por lá o uso das máscaras e dos disfarces (do espanhol *disfraz*), comum entre jovens de famílias burguesas, mas, nem por isso, eles escapavam da perseguição policial.

Foram editadas várias posturas da Câmara proibindo o uso de máscara sem licença da autoridade policial, com pena de oito mil réis ou oito dias de prisão. Essa postura era complementada por outra, que proibia o uso de máscaras, sob pena de multa de trinta mil réis ou oito dias de prisão, salvo se para isso a Câmara concedesse licença, mediante razoável gratificação, para o cofre do Conselho.

Todo folião fantasiado era conhecido como careta e as fantasias mais comuns eram aquelas feitas com esteiras de catulé (espécie de palha) e batas, de mangas curtas bem folgadas, até o joelho. Nítida influência dos escravos malês, que o povo chamava "badá" e, mais tarde, abadá.

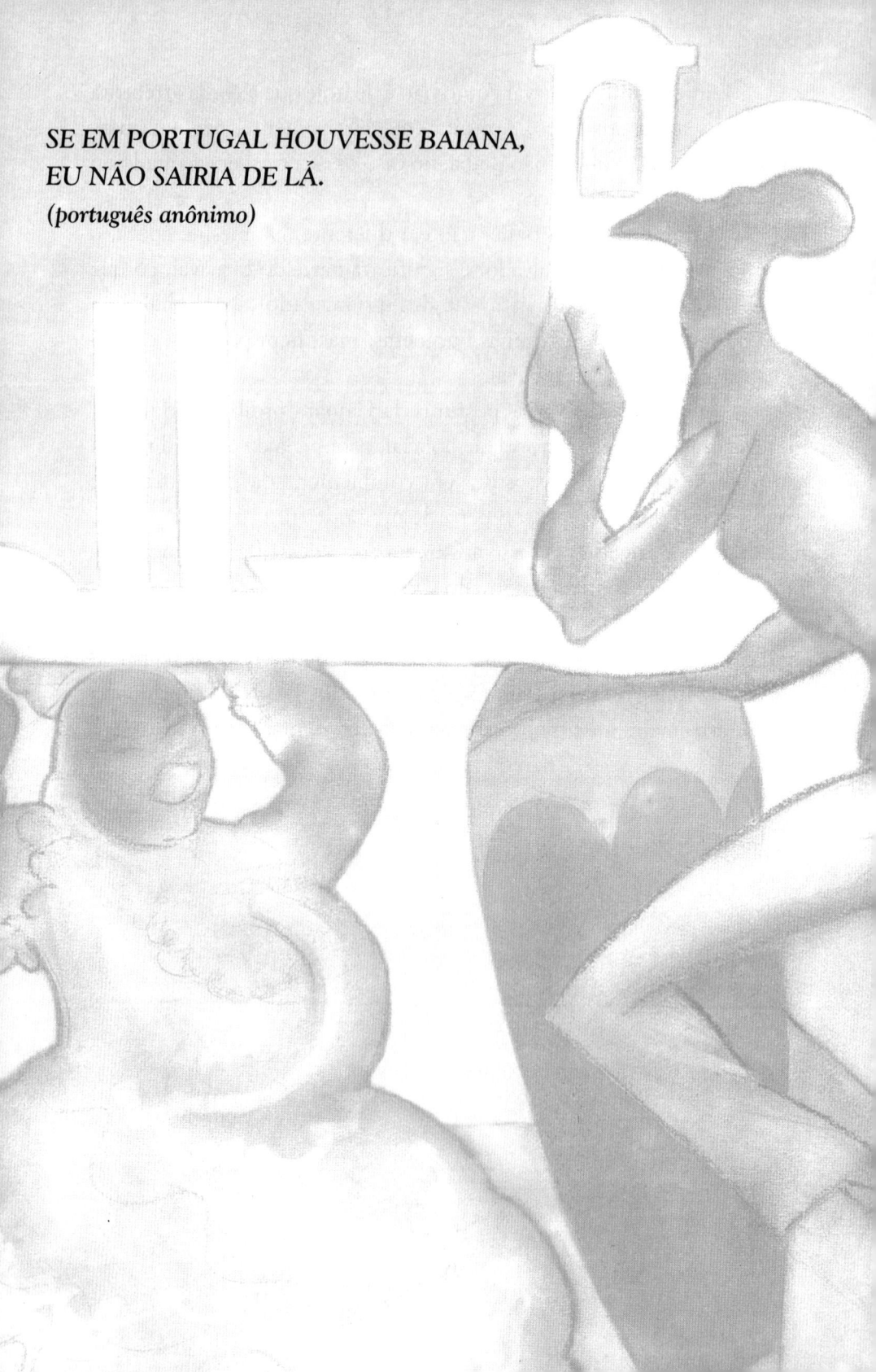

SE EM PORTUGAL HOUVESSE BAIANA,
EU NÃO SAIRIA DE LÁ.
*(português anônimo)*

# Capítulo 6

## Sociedades na luta

O fator determinante da politização do carnaval no Rio de Janeiro deu-se, em 1885, com o aparecimento das sociedades carnavalescas, sendo que a primeira se chamou Congresso das Sumidades Carnavalescas e, no desfile inaugural, saiu com 80 sócios, entre eles, José de Alencar, na época com 26 anos e carnavalesco convicto. Em crônica publicada na *Gazeta Mercantil*, no dia 14 de janeiro daquele ano, ele dizia:

> Muitas coisas se preparam este ano para os três dias de carnaval. Uma sociedade criada no ano passado e que conta já perto de oitenta sócios, todos pessoas de boa companhia, deve fazer no domingo a sua *grande promenade* pelas ruas da cidade. Na tarde de segunda-feira, em vez do passeio pelas ruas da cidade, os máscaras se reunirão no Passeio Público e aí passarão a tarde como se passa uma tarde de carnaval na Itália, distribuindo flores, confetes e intrigando amigos e conhecidos.

O sucesso foi enorme. Como num estalar de dedos, o carnaval carioca passava a assumir uma forma pessoal, a ter uma cara. Não importava que a inspiração fosse européia. O jeito de realizar era, reconhecidamente, carioca. Sem dúvida, uma nova fase se iniciava.

Os fundadores, todos jovens escritores ou aspirantes a escritores, formaram uma comissão e foram ao palácio convidar o imperador e as jovens princesas para que fossem ao Paço da Cidade prestigiar o desfile do Congresso. O ato, na verdade, foi mais de cortesia. Ocorre que o imperador compareceu acompanhado das meninas e o desfile atrasou. Sua Majestade, porém, não se agastou porque passou a ser a maior atração. De vez em quando, ia à sacada principal e recebia os vivas e os aplausos da multidão que se comprimia à espera.

A partir da entrada na cena carnavalesca do Congresso das Sumidades Carnavalescas, outros grupos foram nascendo e com eles o desenvolvimento de uma nova modalidade: o baile de máscaras nas sedes dos clubes e nos teatros. E surgiram União Veneziana, Euterpe Comercial, Tenentes do Diabo, formados de uma dissidência dos zuavos carnavalescos, e também os Estudantes de Heidelberg, que tiveram curta duração, mas ficaram notáveis por acentuar uma tendência que vinha sendo pontuada lentamente nos outros grupos: a preocupação política e social.

No carnaval de 1876, eles convocaram em sua sede, chamada Universidade, todos os seus componentes e admiradores a saírem à rua, não para desfilar, mas para angariar donativos que seriam destinados à compra da carta de alforria de um jovem escravo que salvou uma menina do afogamento na praia de Icaraí.

Em 1864, a Euterpe Comercial, por decisão de sua comissão de carnaval, decidira suspender a construção dos préstitos, ou seja, dos carros alegóricos e empregar o dinheiro a ela destinado na aquisição da liberdade de alguns escravos. Ausentando-se dos empolgantes desfiles, sempre aguardados com ansiedade pelo povo, a Euterpe resolveu tornar efetiva a sua participação na luta abolicionista. Reuniões em sua sede eram comuns, das quais participavam José do Patrocínio, Quintino Bocaiúva e outros militantes da nobre causa. As informações são divergentes quanto ao número de escravos alforriados: seriam cinco ou doze, mas que o fato aconteceu, isso não há dúvida.

Outro grupo que também se destacou por usar o carnaval como ponte para a luta contra a escravidão foi o Clube dos Fenianos, fundado em 8 de dezembro de 1869. A sede ficava localizada na rua da Assembléia, 39 e seu emblema, o barrete frígio, o da Revolução Francesa, revelava plenamente suas intenções republicanas. O nome "Fenianos" foi posto em homenagem ao grupo irlandês que, naquela época, lutava contra o poder inglês.

Assim como seus similares, os Fenianos faziam passeatas, promoviam animados e concorridos *bal masqué*, tudo dentro do que começava a ser o mais legítimo espírito folião carioca. Mas, embora folgazãos – para usar uma denominação da época – e decididamente "a serviço do deus da galhofa" (como proclamavam nos comunicados de suas noitadas carnavalescas), o cronista Jota Efegê registrou em seus escritos que eles não hesitavam em demonstrar suas preocupações cívicas e patrióticas, e se engajavam nas campanhas abolicionista e antimonarquista. Chegaram até a formar grupos paralelos, como os Girondinos e Pelicanos, para libertar escravos.

Carro de Corso

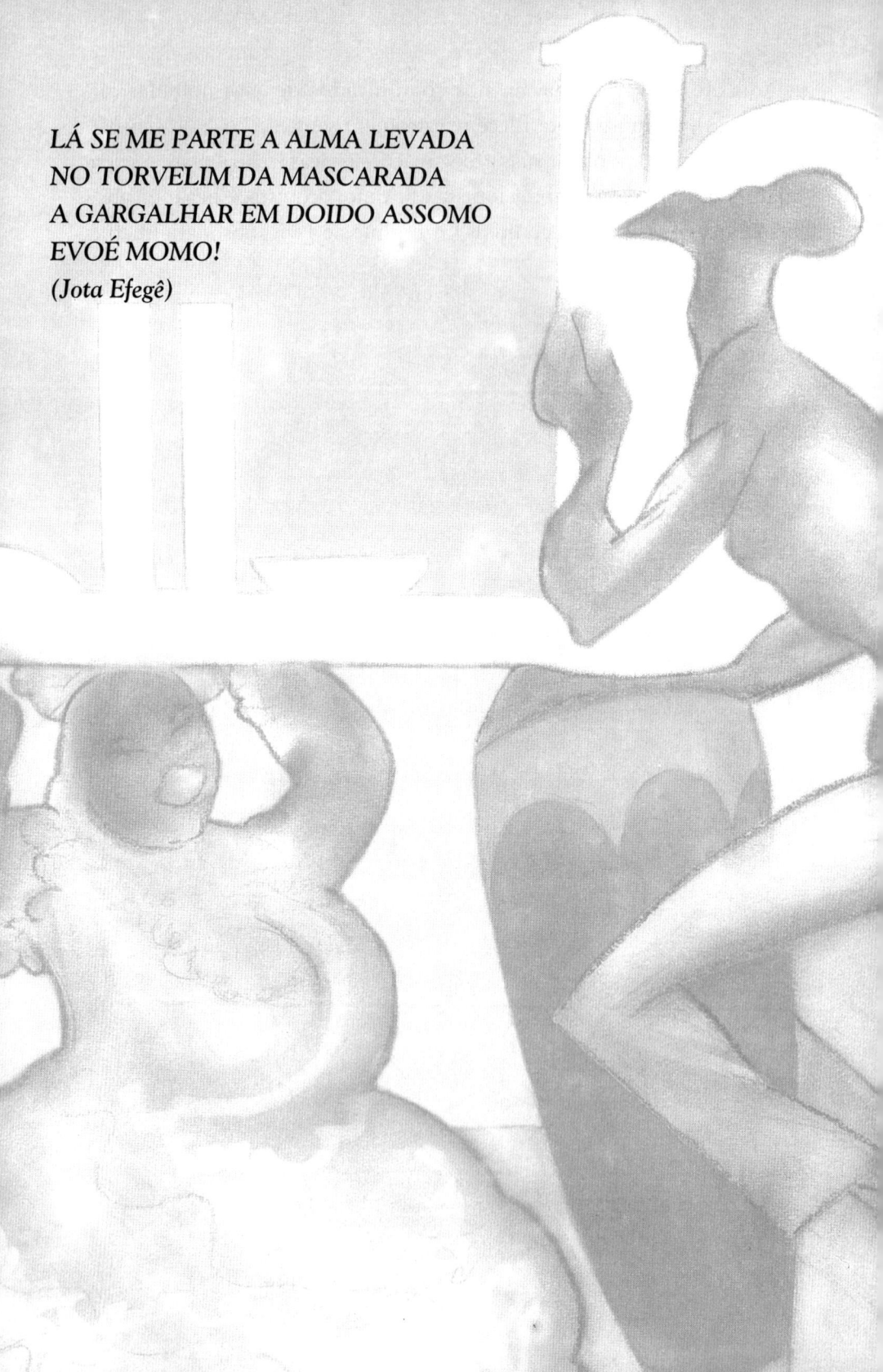

LÁ SE ME PARTE A ALMA LEVADA
NO TORVELIM DA MASCARADA
A GARGALHAR EM DOIDO ASSOMO
EVOÉ MOMO!
(Jota Efegê)

# Capítulo 7

## Liberdade como alegoria

Outros veículos muito importantes para a disseminação dos ideais antiescravagistas e republicanos eram os *puffs*, criados e distribuídos pelas sociedades. Eram versos em tom humorístico, destilando muita ironia e sarcasmo. Em 1888, no carnaval que antecedeu o 13 de maio, os Democráticos, cujo nome por si só já diz tudo, puseram na rua um *puff* que dizia:

> Metei a viola no saco
> É dos negros a vitória,
> É deles a imensa glória.
> Metei a viola no saco
> Igualáveis ao macaco
> Os pobres negros, coitados
> Dando-lhes paus nos costados
> Metei a viola no saco.

Os carros de crítica eram os mais aguardados e foi assim até o desaparecimento das sociedades nos anos 1960. No carnaval de 1881, por exemplo, os Fenianos apresentaram um carro, que também era chamado "de alusão" ou "de idéia", com o título "A Mancha de Júpiter", onde a figura do imperador dom Pedro II era apresentada manchada pelo escravagismo. O sucesso foi enorme! Por onde passava, o carro era aplaudido com entusiasmo, o que quase gerou a ameaça da Guarda Urbana de impedir a continuação do desfile.

Desconhecendo qualquer tipo de intimidação, os participantes distribuíam *O Facho da Civilização*, pequeno jornal editado por eles, onde era esclarecida, em versos, a crítica feita:

Eis o sota escravocrata
Do reinado da patota
Deste reino patarata
Eis o sota escravocrata
Na sua nádega chata
Fotografou-se o idiota...
Eis o sota escravocrata
Do reinado da patota...

Na Bahia a participação das sociedades carnavalescas começou antes. Em 1884, o Clube Carnavalesco Cruz Vermelha inovou a temática do seu desfile apresentando um "carro de idéia", tal como na Corte, que deixou todo o público boquiaberto diante da imaginação, beleza e crítica. O carro simbolizava o jogo de loteria que, segundo constava do folheto distribuído, "a que o governo do país desde a sua independência trazia atado o povo, legitimando-lhe o vício".

Semanas antes do carnaval de 1885, o Cruz Vermelha publicou anúncio de um quarto de página no *Jornal de Notícias*, onde detalhava os carros que ia apresentar. Foi uma provocação aos Fantoches, outro grupo que se tornou famoso pela ousadia e pelas críticas que trazia. A disputa foi maravilhosa. Cada um se aprimorou mais do que o outro. Difícil dizer qual a melhor disputa. Cavalos lindos, cavaleiros com trajes que iam de centuriões a hussardos, moças belíssimas, decoração estonteante, enfim, as famílias nos sobrados e o povo nas ruas ficaram extasiados.

Um detalhe, porém, foi comum às duas agremiações: homenagem à liberdade. E foi, de tal maneira comovente, que muitos senhores de engenho sensibilizados pelo impacto da mensagem, num gesto inesperado, alforriaram seus escravos.

No Rio eram constantes as atividades políticas das sociedades, em alguns momentos até clandestinas, principalmente as que tratavam do movimento republicano. Ainda com relação ao empenho dos Girondinos e Pelicanos na campanha abolicionista, vale ressaltar a festa que estes últimos promoveram na noite de 20 de março de 1857: o baile inaugural sob o título "1º Can-can do Prazer", cujo resultado financeiro foi todo encaminhado para compra de cartas de alforria.

A Sociedade Euterpe Comercial Tenentes do Diabo não ficou atrás. No carnaval de 1864, com o dinheiro arrecadado para a confecção dos carros e das alegorias, também comprou a liberdade de alguns escravos. Não saiu à rua para receber os aplausos que sempre conquistava nos desfile, mas recebeu a mais calorosa gratidão dos libertos e de todos os que lutavam pela causa.

Foram cinco os escravos alforriados e passaram a morar na sede dos Tenentes prestando serviços pelos quais eram remunerados. Um deles, chamado Jorge, tornou-se um excelente mestre-cuca e por muitos anos foi o cozinheiro oficial do clube.

No desfile de 1887, os Girondinos apresentaram um carro onde se via uma mulher representando a República, trazendo o estandarte do grupo e entregando o título de cidadão a dois escravos. E não era encenação. Era verdade. O *Jornal do Commercio* (na grafia da época), de 22 de fevereiro daquele ano, estampou as seguintes linhas: "Terá o Carnaval de 1887 uma parte que ficará gravada na memória de dois homens enquanto lhes durar a vida".

No carnaval do ano seguinte à abolição, os Fenianos desfilaram com garbo triplicado, trazendo uma alegoria representando a Lei Áurea e espalhando folhetos com os seguintes versos:

Venceu-se, finalmente, a tremenda campanha
Maio, o divino mês, deu-nos a abolição!
A luz de um novo sol detrai a nódoa estranha
Que há três séculos manchava o nosso pavilhão!

A Pátria ressurgiu de um morno alento
Na vitória final que honrou a Humanidade
Somos um povo livre! Olhai! Neste momento
Cobre esta grande terra o sol da Liberdade!

*A Revista durante os festejos commemorativos da Abolição.*
— Faltariamos a mais sagrada das chapas, se, antes de encetarmos a reprodução dos festejos, não gravassemos, n'esta primeira pagina, os nossos agradecimentos a todas as sociedades, corporações e classes, que tanto nos saudaram durante essas festas!

Após a abolição da escravatura, o reconhecimento por parte dos abolicionistas e dos escravos recém-libertos foi expresso de maneira inequívoca. Recolhendo uma pataca (moeda da época) de cada um dos muitos negros que sabiam da importância dos Fenianos na luta por sua libertação foi encomendada uma estátua representando um negro com pequena tanga de listras vermelhas e brancas (as cores da sociedade) e empunhando uma tocha. Durante décadas a estátua esteve exposta na sacada da sede, como um troféu que simbolizava a vitória da solidariedade e da preocupação humanitária da agremiação.

Outro magnífico exemplo de consciência política no carnaval foi dado pelo Clube dos Democráticos quando, no dia 20 de maio de 1888, por iniciativa da *Imprensa Fluminense*, jornal dirigido por José do Patrocínio, houve um desfile cívico comemorando a abolição da escravatura. Os associados do clube participaram em massa.

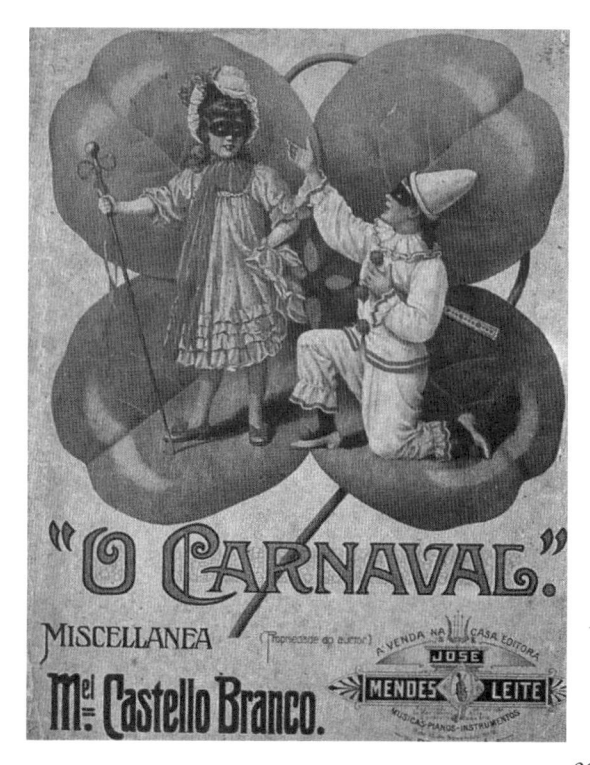

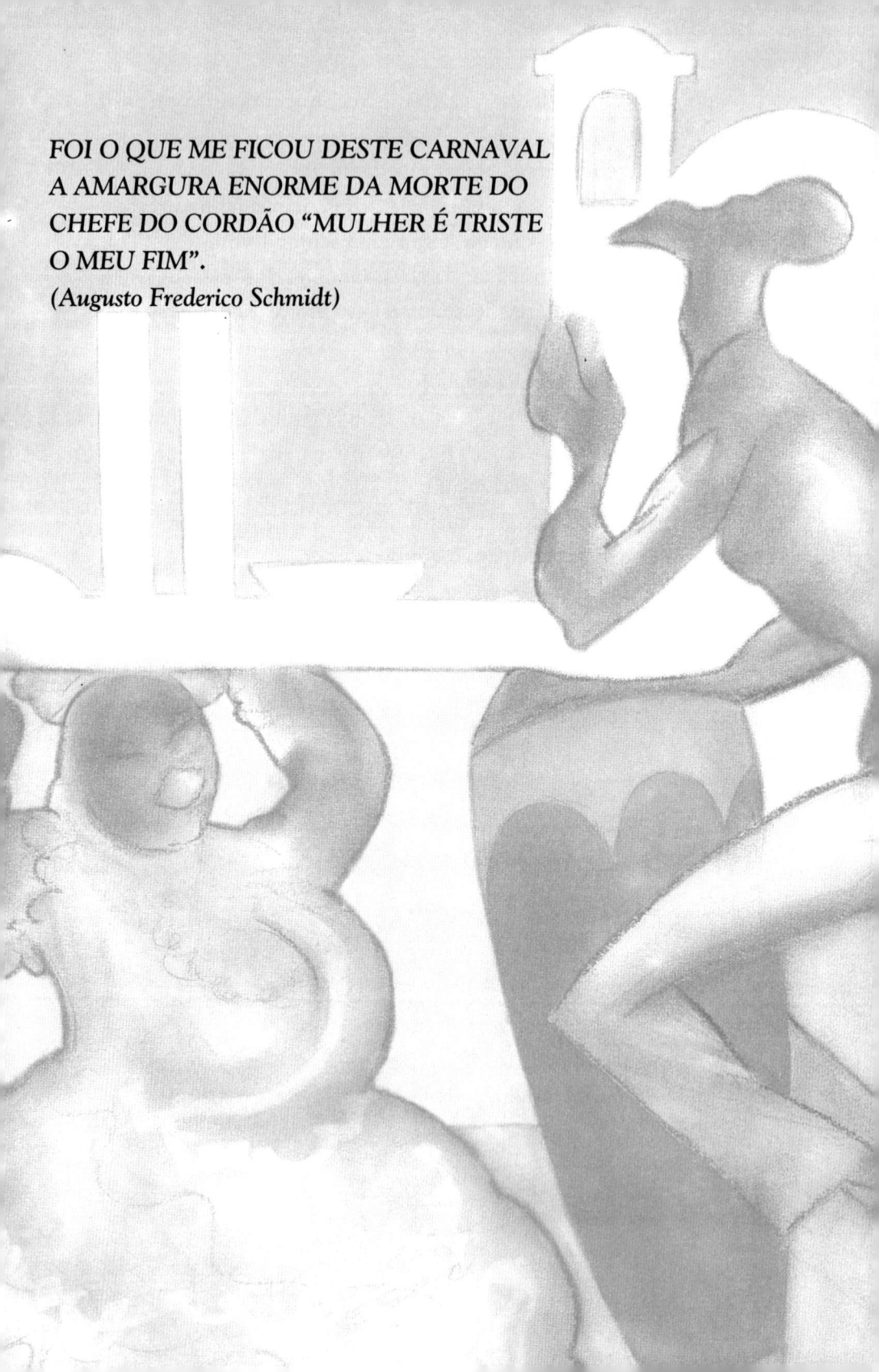

FOI O QUE ME FICOU DESTE CARNAVAL
A AMARGURA ENORME DA MORTE DO
CHEFE DO CORDÃO "MULHER É TRISTE
O MEU FIM".
(Augusto Frederico Schmidt)

# Capítulo 8

## Tem República no desfile

Igualmente ocorreu em relação ao movimento republicano. Eles imprimiam um jornal chamado *A República* durante boa parte da campanha antimonárquica e no carnaval de 1889 ornamentaram o lado exterior do "castelo", como era chamada a sede que ainda hoje está na rua Riachuelo, com gigantescos e maravilhosos estandartes, além de participarem do desfile com um carro que saudava a proclamação da República.

Sintetizando toda a saga vivida pelas sociedades, que não eram só recreativas, e interpretando o sentimento de todos quantos estavam envolvidos naquele processo, Evaristo da Veiga publicou na *Revista da Semana*, de 12 de maio de 1923, o seguinte texto:

> Quanta mágoa devem sofrer os que se souberam descendentes dos responsáveis por tamanhas imoralidades e tamanhas atrocidades. Em compensação, quantas bênçãos merecem os que, por esforços constantes, com sacrifícios enormes, trabalharam para terminação do regime em que o homem era propriedade, e que ocasionava abominações sobre abominações.

Outro grande momento de gratidão pode ser creditado às sessões preparatórias para a primeira reunião da Assembléia Constituinte, após a proclamação da República, que foram realizadas na sede dos Fenianos, no dia 16 de dezembro de 1891, sob a presidência de Aristides da Silveira Lobo.

Justiça seja feita, as preocupações das sociedades se estendiam por várias questões. É sabido que todas elas davam à mulher uma grande importância nos desfiles. Nos carros alegóricos (de crítica ou não) o lugar mais alto (mais visível) era ocupado sempre por uma bela mulher e com fantasia deslumbrante. Não importava se com muita ou pouca roupa.

E não era apenas uma. Havia sociedade que levava, pelo menos, dez em cada carro. Existia mesmo uma saudável emulação. E o público adorava. Elas iam jogando beijos ao longo do desfile e a rapaziada ficava afoita. Muitas trabalhavam em teatros e casas de diversões. Eram todas lindas.

Havia, porém, outro lado a ser revelado. As sociedades também participaram ativamente da emancipação feminina. Como sabemos, no início do século XX ainda havia muito preconceito com relação à mulher que trabalhava fora. Por uma parte, as casadas eram proibidas pelos maridos; por outra, as solteiras eram malvistas pelos vizinhos e amigos.

Naquela época (e isto veio até os anos 1950), quando terminava o carnaval e todo o mundo cantava quase num lamento: "É hoje só, amanhã não tem mais..." restava a esperança de que no final da quaresma, isto é, no sábado de Aleluia, fosse festejada a *mi-carême* (meia quaresma), comemoração usada na França e adotada em várias cidades brasileiras, notadamente no Rio de Janeiro. Era como se fosse outro carnaval, temporão ou antecipado, dependendo do ponto de vista. Os clubes promoviam bailes à fantasia e as sociedades repetiam o seu desfile da terça-feira gorda com a pompa habitual.

Para ajudar a desmontar o preconceito em relação à mulher que se atrevia a trabalhar fora, os Fenianos ousaram mais uma vez. Criaram, em 1913, o prêmio "Virtude e Amor ao Trabalho", e a escolha era feita através de eleições diretas, o que despertou o interesse e aumentou o número de concorrentes. Em cerimônia pública, a qual esteve presente o presidente da República, marechal Hermes da Fonseca, o prêmio foi entregue.

O efeito foi fulminante. A imprensa deu destaque ao acontecimento e alguns articulistas escreveram saudando a iniciativa e criticando o preconceito instalado nas famílias.

No ano seguinte, 48 candidatas foram selecionadas e as que obtiveram os dois primeiros lugares foram coroadas rainhas no final de um desfile realizado no domingo de Páscoa (12 de abril de 1914).

Segundo o jornal O *Imparcial*:

> ...vistoso cortejo no qual foram incluídos três carros alegóricos do préstito dos Fenianos no Carnaval recém-findo, às 3 horas da tarde saiu do largo de São

Francisco, onde o clube tinha sede, rumo ao campo de São Cristóvão. Levava à frente uma comissão a cavalo, trajando fraque preto, calção cinzento e cartola, seguida de clarins e banda de música fantasiada de guerreiros romanos. As moças vitoriosas vinham logo depois, sendo muito aplaudidas no trajeto. Concluído o festivo passeio desceram do carro caprichosamente enfeitado e foram recebidas na tribuna de honra. Lá as aguardavam, além do presidente da agremiação, sr. Henrique Moura (Mnó), o representante do presidente da República, tenente Palmiro Serra Pulcherio, outros diretores do clube e convidados de destaque. Houve os discursos que sempre acontecem em tais ocasiões e as duas operárias (rainhas), comovidas, agradeceram o pecúlio doado pela agremiação que, indo além de sua finalidade carnavalesca, incentivava a "virtude e o amor ao trabalho".

O prêmio foi uma caderneta de poupança da Caixa Econômica para cada uma, com o depósito inicial de dois contos de réis, importância recolhida através de doações de casas comerciais, algumas indústrias e até do próprio presidente da República, que assinou cem mil réis. Não ousemos fazer a conversão para a moeda atual, mas o certo é que, para a época, era um capital de respeito.

O mais importante, porém, como assinalou Jota Efegê, foi a quebra do tabu e encorajamento para que a mulher se libertasse dos escrúpulos que a impediam de tentar plena emancipação, fugir do alegórico e ingênuo "deusa do lar" e firmar-se como cidadã.

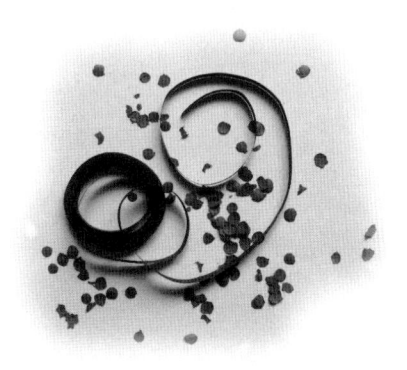

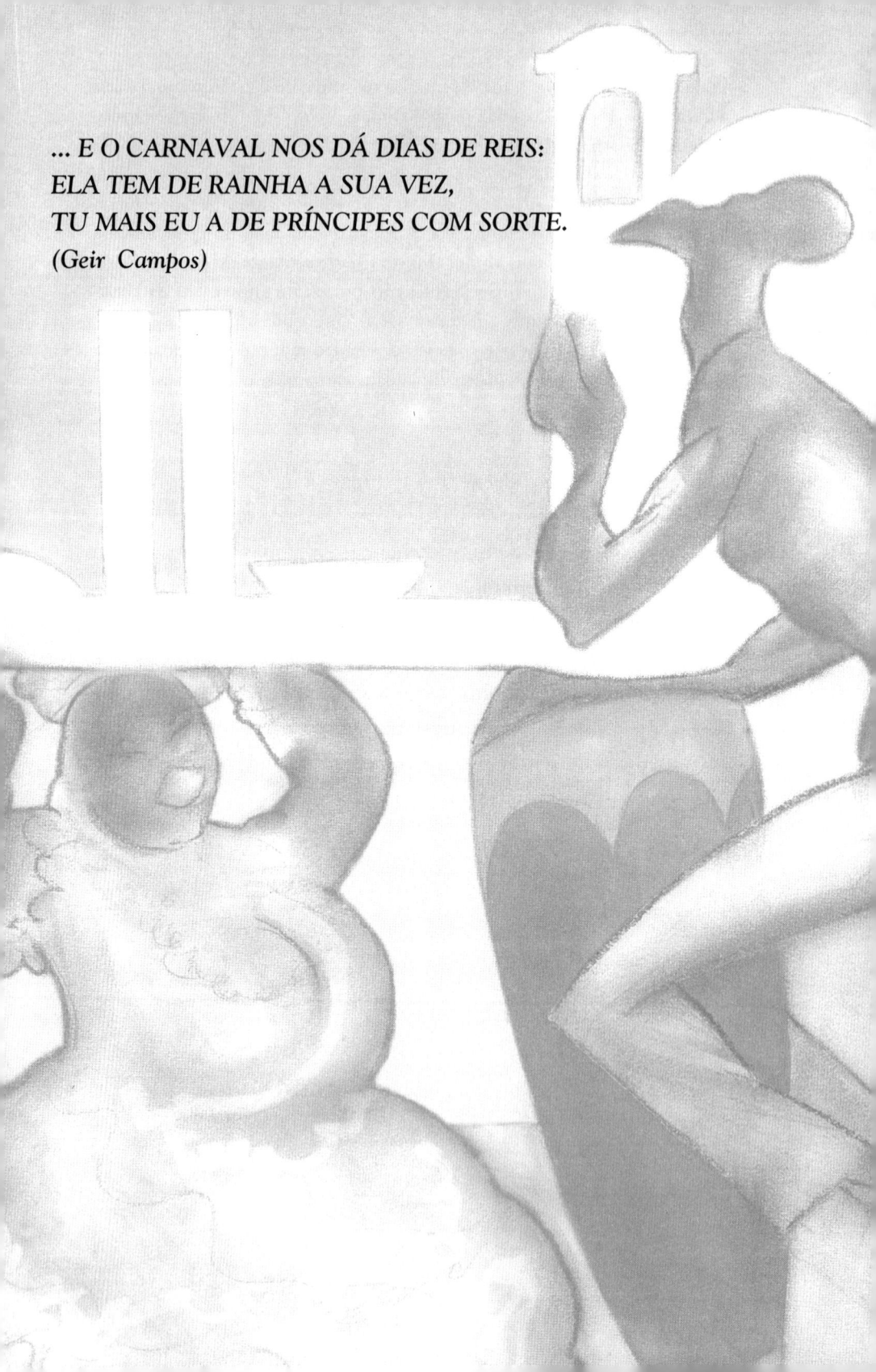

... E O CARNAVAL NOS DÁ DIAS DE REIS:
ELA TEM DE RAINHA A SUA VEZ,
TU MAIS EU A DE PRÍNCIPES COM SORTE.
(Geir Campos)

# Capítulo 9

## Um é bom... Dois, bem melhor

No final do século XIX o carnaval sedimentava-se cada vez mais e penetrava em todos os setores da sociedade. É claro que este fato aguçava o interesse nesta manifestação que atraía a adesão de tanta gente e gerava tantos dividendos econômicos e políticos.

Em 1892 uma decisão política fez com que tivéssemos dois carnavais. Baseado na possibilidade de uma epidemia na cidade, devido ao intenso verão que era previsto e na expectativa de surtos de varíola e febre amarela, já que alguns focos tinham sido identificados, o intendente França e Leite propôs, na sessão realizada no dia 28 de janeiro na Intendência Municipal (o que hoje é a Câmara dos Vereadores), uma moção que transferia o carnaval da última semana de fevereiro, para a última de junho. No discurso, ele disse:

> Atendendo que, nesta cidade, a época do Carnaval é no rigor da estação calmosa, e quando as epidemias maior número de vidas arrebatam, proponho que sejam designados para o Carnaval os dias 26, 27 e 28 de junho, entre os dias de São João e São Pedro.

A proposta foi aprovada por unanimidade e sancionada pelo ministro do Interior. Mas houve muita discussão nos clubes, nos bares e pelos jornais. Àquela altura dos acontecimentos muitas fantasias estavam prontas, carros em fase final de decoração, músicos contratados para os bailes, salões alugados, enfim, o carnaval já estava quase na rua. E havia ainda alguns setores que não viam com bons olhos misturar carnaval com as festas dos três santos de junho. Outros, no entanto, acreditavam que a proximidade era boa, porque ganhava as bênçãos e a proteção contra o possível flagelo das doenças.

Mas, na prática, o Rio teve dois carnavais, porque o marcado no calendário não deixou de ser realizado e o de junho foi tão animado quanto o outro, tendo, ainda, uma novidade. Para os bailes realizados no Teatro Recreio Dramático e que a boêmia chamava de fandangos, o Juca, figura popular nas rodas carnavalescas e promotor da festança sempre anunciada nos jornais como "pomposa e repimponética", mandou vir da Espanha 200, isso mesmo, duzentas *niñas desenvueltas* para acrescentar mais tempero na panela e subir a temperatura de junho.

Quando elas entravam no salão, misturando flamenco com maxixe, era um deus-nos-acuda. As espanholas sabiam tudo em matéria de sedução, com mestrado nos cabarés de Barcelona e Madri. Os foliões quase deram ao Juca uma medalha de honra ao mérito.

Mas esta não foi a única vez que o carnaval carioca teve duas edições no mesmo ano. Em 1912 voltou a acontecer e o motivo foi a morte do barão do Rio Branco, ocorrida no dia 9 de fevereiro daquele ano. Por decreto federal a festa foi transferida para o dia 7 de abril, depois da quaresma, mas, apesar disso, as sociedades Democráticos e Fenianos desfilaram e o povo foi para a rua com blocos e cordões. Isso voltou a acontecer no segundo carnaval, quando os bailes também tomaram conta da cidade.

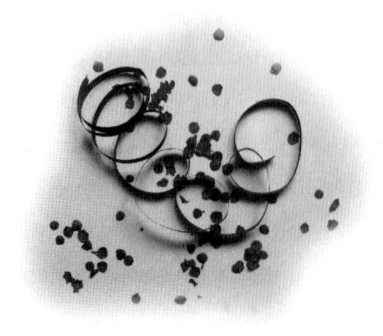

# Capítulo 10

## Quem canta, encanta e desencanta

A canção carnavalesca nasceu nas ruas, produto da argúcia e da inspiração populares, disposta a nada perdoar na sua observação cáustica ou bem-humorada. Enquanto nos salões se dançava polcas e maxixes, os teatros burlescos e revisteiros difundiam um repertório específico com músicas, ritmos e temas colhidos pelos autores no meio do povo.

No início eram paródias ou imitações. Não tínhamos, como no carnaval europeu, músicas especialmente feitas para a festa. Segundo Edigar de Alencar, as primeiras canções feitas para o então famoso carnaval de Florença foram escritas por poetas como Lourenço de Medicis, que passou para história como Lourenço, o Magnífico, isto em 1448. Faz tempo!

No nosso caso, muitas vezes as composições aproveitadas nem sempre tinham o que se poderia chamar teor carnavalesco, mas, na voz coletiva das ruas, elas adquiriam a forma.

O exemplo mais notável é a composição considerada como o embrião da música de carnaval do Rio e, por extensão, do Brasil. É uma marcha francesa que desembarcou por aqui não se sabe exatamente trazida por quem. Talvez as francesas alegres que aportavam à cidade. Dizia o seguinte:

*Les Pompiers de Nanterre*
*Sont des bons garçons*
*Ils mangeant les pommes de terre*
*Et laissent les lardons.*
(Os bombeiros de Nanterre
são bons rapazes,
eles comem as batatas
e deixam os toucinhos.)*

---

*A tradução é livre e literal, porém, você pode interpretar os versos do jeito que achar mais apropriado.

O ritmo era de marcha e caiu no gosto popular. Em 1869, a companhia de Jacinto Heller montou uma revista no Theatro Phoenix Dramatica, cujo título era *Zé Pereira carnavalesco*, inspirada no português José Nogueira de Azevedo Paredes, sapateiro instalado na rua São José, que saía nos dias de carnaval batendo um enorme bumbo e seguido por uma porção de gente.

O ator Francisco Correia Vasques, um dos mais populares da época, dizia um monólogo que terminava com uma marcha em ritmo bem acentuado que, aproveitando a melodia de "Les pompiers de Nanterre", cantava:

> E viva o Zé Pereira
> Que a ninguém faz mal
> Viva a bebedeira
> Nos dias de carnaval!

Bom, não é difícil imaginar que foi um grande sucesso e ainda é! Mais de cento e trinta anos depois, de norte a sul do país, todos cantam o que pode ser considerado o hino do carnaval brasileiro. Fora isso, a quadrinha inspirou diversas variações que se enquadravam na crítica política. No Ceará, por exemplo, serviu para, no carnaval de 1910, cutucar a oligarquia dominante dos Acioli:

> Vamos a palácio
> Arrancar à unha
> O velho Acioli
> E o Carneiro da Cunha.

A entrada da política na canção carnavalesca, no entanto, vem de antes. Durante a Guerra do Paraguai ficou popular a seguinte marcha:

> Mamãe, vá acordar papai
> Que eu vou me embora
> Para o Paraguai.

Com a derrota do ditador Solano López, no carnaval de 1870 surgiu uma canção alusiva ao fato:

O López comeu pimenta
Pensando que não ardia
Agora está usando
Colar à Maria Pia.

O López foi à missa
Esbarrou no sacristão
Sacristão deu-lhe um sopapo
E o López caiu no chão.

A irreverência carnavalesca não poupou o marechal Deodoro da Fonseca, que, apesar da fama de durão, parece ter absorvido a brincadeira:

Fui ao campo de Santana
Beber água na cascata
Encontrei o Deodoro
Dando beijo na mulata
A mulher do Deodoro
É uma grande caloteira
Mandou fazer um vestido
Não pagou a costureira.

A Guerra de Canudos também não escapou da verve popular. Em 1897, o bloco Flor da Primavera saiu cantando:

Já embarcou
Com alegria
Moreira César
Foi pra Bahia.

Moreira César era um coronel conhecido como grande estrategista, que foi destacado para acabar com os rebelados de Antonio Conselheiro. Não conseguiu.

O CARNAVAL AGE COMO VÁLVULA DE ESCAPE, LIBERANDO AS TENSÕES SOCIAIS, PERMITINDO, DESSA FORMA, A CONVIVÊNCIA NAS SOCIEDADES DIVIDIDAS POR CLASSES.
*(Hiram Araújo)*

# Capítulo 11

## Trilha sonora para o país do carnaval

No início do século XX, o carnaval carioca começou uma fase importante na sua história, que foi a fixação do gênero "música de carnaval". As gozações de caráter político se tornaram mais freqüentes e inspiradas. Da mesma forma a censura tentava exercer sua dureza perseguindo nomes de agremiações e conteúdo de músicas. Como sempre acontece (e disso tivemos exemplos recentes), os agentes e os delegados auxiliares tinham o arbítrio, e sempre extrapolavam. Quando uns carnavalescos do bairro do Catumbi entraram, como era de praxe, com o pedido de licença para desfilar com o bloco Iaiá Sacode a Saia, o veto foi imediato. No título poderia constar "Iaiá sacode", só não podia especificar o quê.

Surpresa geral para a diretoria e componentes do bloco. Os trabalhos já estavam adiantados, várias chulas e marchas compostas. O estandarte preto-e-rosa bordado de lantejoulas com o nome do bloco estava pronto e a proibição era irrecorrível.

A *Gazeta de Notícias*, sempre disposta a defender o carnaval e enfrentar os mandões de plantão, publicou uma reportagem no dia 21 de janeiro sob o título "A crisma da polícia". O artigo terminava com as seguintes palavras: "Assim, o grupo Iaiá Sacode a Saia ficou somente Iaiá Sacode. A saia ficou com a polícia. Mas o que a Iaiá sacode? Mistério! Profundo mistério!..."

A aceitação do veto policial mutilando o nome do bloco, deixando a Iaiá sem a saia que queria sacudir nos dias de carnaval, não demorou muito. Poucos dias depois, o secretário da agremiação, por ordem do presidente Benjamim José da Rocha, comunicava pelos jornais que o grupo passaria a se chamar Iaiá Formosa. No carnaval, os foliões foram para a rua com o novo nome cantando:

Dos galhos desta roseira
Tiras os espinhos da rosa
Para não ferir o lindo colo
Da minha Iaiá Formosa.

O ano de 1903 é marcado, no Rio de Janeiro, pela grande atuação do sanitarista Oswaldo Cruz em sua ofensiva contra a febre amarela, que assolava a vida de centenas de cariocas, e da peste bubônica, outra praga que infernizava a vida da cidade. Para acabar com esta última foi estabelecida uma guerra de extermínio dos ratos que infestavam diversos bairros. Criou-se, então, um curioso comércio no Rio de Janeiro. Muitas pessoas saíam às ruas para caçar ratos ou comprá-los de quem tivesse prendido ou matado alguns dos temíveis roedores e depois vendiam à Saúde Pública pelo preço de um tostão cada. E da mesma forma como faziam os vendedores de vassouras, frutas, peixes etc., eles apregoavam: Rato! Rato!

No ano seguinte não deu outra. O sucesso incontestável do carnaval foi uma polca de autoria do trompetista da banda do Corpo de Bombeiros, Casemiro Rocha, e também de Claudino Costa, exatamente com título o pregão, que dizia:

Rato, rato, rato
Por que motivo tu roeste meu baú?
Rato, rato, rato
Audacioso e malfazejo gabiru.
Rato, rato, rato
Eu hei de ver ainda o teu dia final,
A ratoeira te persiga e consiga
Satisfazer meu ideal.

Quem te inventou?
Foi o diabo não foi outro, podes crer
Quem te gerou?
Foi uma sogra pouco antes de morrer!
Quem te criou?

> Foi a vingança, penso eu
> Rato, rato, rato
> Emissário do judeu.
> Quando a ratoeira de pegar
> Monstro covarde não te ponha a gritar
> Por favor,
> Rato velho, descarado, roedor
> Rato velho, como tu faz horror!
> Nada valerá o teu qui-qui
> Tu morrerás e não terá quem chore por ti
> Vou provar-te que sou mau
> Meu tostão é garantido
> Não te solto nem a pau!

O sucesso definitivo foi alcançado nas ruas e nos bailes. Muitas orquestras, anos depois, gravaram só a melodia, que ficou conhecida em todo o Brasil.

A política urbanística do prefeito Pereira Passos, que resolveu demolir centenas de residências da zona central para dar lugar à avenida Central, hoje avenida Rio Branco, imitação dos *boulevards* parisienses, criou grande polêmica e foi condenada por muitos. O bota-abaixo esteve no centro das discussões durante muito tempo e, como era natural, o assunto foi registrado no carnaval. Na verdade, tratou-se do reaproveitamento de uma chula que fez sucesso em 1882 e que foi sendo modificada ao longo dos tempos.

A original dizia:

> Ó raio, ó sol,
> Esplenda a lua,
> Bravos do palhaço
> Que anda na rua.

Referia-se ao palhaço de circo. Anos depois, recebeu uma modificação:

Ó raio, ó sol
Suspende a lua
Bravos ao velho
Que está na rua.

Era alusão à fantasia de "velho", muito popular nos primórdios do carnaval carioca, com sua cabeçorra e *pince-nez*.

A que foi feita em homenagem a Pereira Passos no carnaval de 1906 é a seguinte:

Ó raio, ó sol,
Suspende a lua
Bravo do velho
Que alarga a rua.

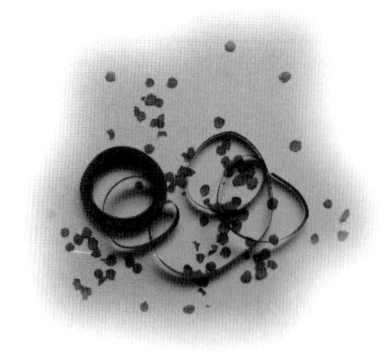

# Capítulo 12

## Carnaval sem humor... Não dá

A primeira charge política, em forma de música de carnaval, surgiu em 1909. Naqueles tempos vivia, no Rio, um líder republicano, senador e homem de grande prestígio, que era Pinheiro Machado. Havia quem afirmasse que, de fato, ele era o chefe da Nação. As grandes questões e as grandes soluções passavam pela sua mesa. Com mão-de-ferro, ele controlava o Partido Republicano Conservador, que era a maior força política do país.

Na sua residência, no morro da Graça, a romaria era constante. Referiam-se a ela como a meca dos que faziam ou queriam fazer política. Com tal poder era natural que o número de aduladores fosse cada vez maior.

Pinheiro Machado, como bom gaúcho, não desprezava seu chimarrão. Ao lado da poltrona de onde reinava havia sempre uma chaleira com água quente, que ele ia pouco a pouco despejando na cuia. Eis que, num dado momento, na ânsia de servir a água para o senador, um afoito deputado segura a chaleira pelo bico, queimando os dedos e causando um misto de constrangimento e cena típica de comédia-pastelão.

O episódio vazou da casa de Pinheiro Machado e ganhou as ruas. Não demorou muito e um neologismo foi criado para definir um adulador, desajeitado ou não: chaleirar, que até já está dicionarizado. A expressão "pegar no bico" também ficou malvista e foi logo incorporada à linguagem popular para designar bajuladores.

E no carnaval de 1909, não se fez por menos, todo mundo cantou nas ruas e nos salões:

> Iaiá me deixa subir nesta ladeira
> Eu sou do bloco que pega na chaleira.

Naquele ano estreou, no Teatro Trindade, em Lisboa, a revista "O país do vinho", que fez uma bela e longa carreira. Uma das músicas que caíram no gosto do público lisboeta foi uma marcha intitulada "Vassourinha", de autoria de Felipe Duarte, co-autor da revista juntamente com Luiz Filgueira, ambos compositores talentosos.

Três anos depois, em 1912, a marcha chegou ao Brasil e começou a ser divulgada por cançonetistas e cantoras de cabaré. A letra é a seguinte:

Sempre, sempre em movimento
Sempre, sempre em movimento
Vassourinha varre o chão
E o abano faz o vento
E o abano faz o vento
Para acender o fogão.

Rica vassourinha
Ai, quando serás minha
Tu queres de abano
Passar a varredor?
Varre, varre, querida vassourinha
Abana, abana meu abanador.

O sucesso começou no Rio e se espalhou pelo país inteiro, com a letra adaptada segundo as circunstâncias e necessidades. Era a época da luta contra as oligarquias do Nordeste e a marcha transformou-se em hino revolucionário, especialmente em Pernambuco e no Ceará.

No Recife, ela era cantada com a seguinte letra:

Rosa e Silva há vinte anos
Nos traz acorrentados.
General Dantas Barreto
Vem salvar o nosso Estado.

Pernambuco oligarquia
Rosa e Silva sustentava

General Dantas Barreto
Prometeu que libertava.

Salvai, salvai,
Querido general
O nosso Estado
Das mãos de um traidor
Vem libertar
Um povo escravizado
Vem semear
A paz, a luz, o amor
A paz, a paz,
A paz, a luz, o amor!

No Ceará, os propósitos eram os mesmos, mas mudava a patente:

Acioli há 20 anos
Que nos traz acorrentados
Coronel Franco Rabelo
Vem salvar o nosso Estado

Salvai, salvai,
Querido coronel
O nosso Estado
Das mãos de um traidor... [e assim por diante].

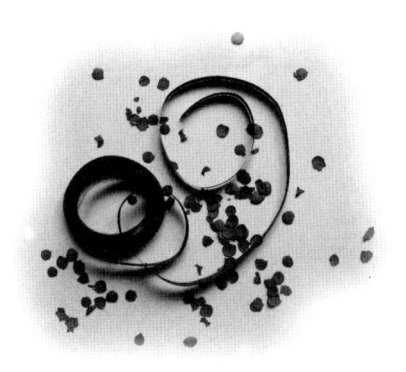

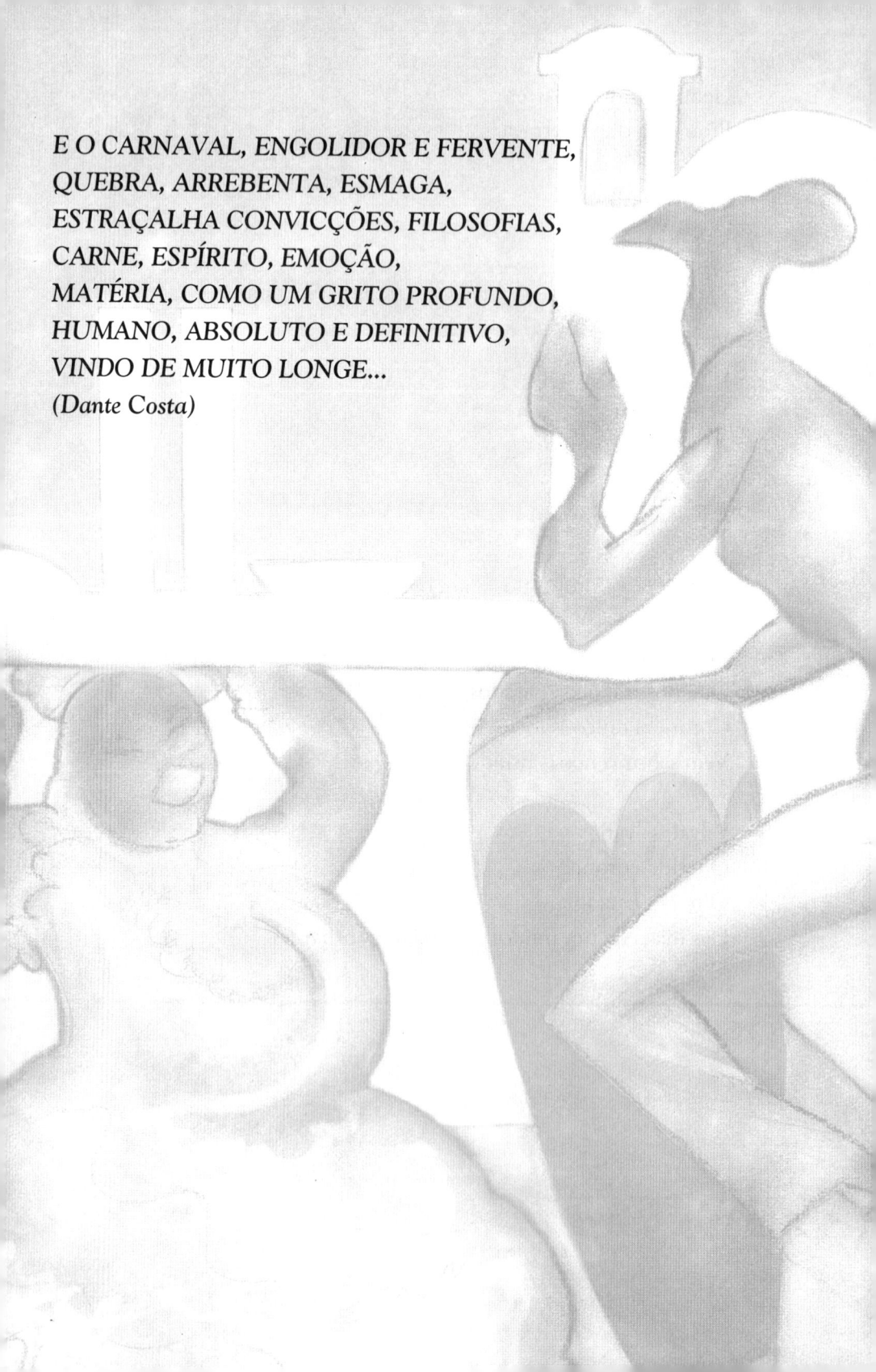

E O CARNAVAL, ENGOLIDOR E FERVENTE,
QUEBRA, ARREBENTA, ESMAGA,
ESTRAÇALHA CONVICÇÕES, FILOSOFIAS,
CARNE, ESPÍRITO, EMOÇÃO,
MATÉRIA, COMO UM GRITO PROFUNDO,
HUMANO, ABSOLUTO E DEFINITIVO,
VINDO DE MUITO LONGE...
(Dante Costa)

# Capítulo 13

## De olho no poder

Na história da música de carnaval, no Rio de Janeiro, há freqüentes exemplos de composições que são lançadas num ano e só vão fazer sucesso mesmo no ano seguinte. Foi o que aconteceu com a famosa embolada de João Pernambuco e Catulo da Paixão Cearense, "Cabocla de Caxangá". Tornou-se pública no decorrer de 1913. Os autores não tinham intenção carnavalesca. A idéia era mesmo uma embolada, com todas as características daquela praticada no sertão e nas cidades nordestinas. Mas sucesso não se explica e, em 1914, os blocos, os cordões e até nas chamadas grandes sociedades, todo mundo cantava:

> Laurindo Punga
> Chico Dunga
> Zé Vicente
> Esta gente tão valente
> Do sertão de Jatobá,
> E o danado
> Do afamado
> Zeca Lima
> Tudo chora numa prima
> Tudo qué te fraquejá.
> Caboca de Caxangá,
> Minha caboca vem cá!

Depois de muito viajar pelo Nordeste, ela volta com novos versos, fustigando Pinheiro Machado. Aquele do episódio da chaleira.

> Mestre Pinheiro, seu Machado
> Tome tento

Não te metas que o momento
Não é mais de brincadeira
Estamos sem prata, sem níquel
Sem dinheiro
Pode o povo brasileiro
Virar pau de goiabeira.

Vem cá, Pinheiro, vem cá
E deixa de resingar.

O país inteiro vivia em grande ebulição política. Os oligarcas nordestinos e seus prepostos desafiavam muitas vezes o poder central, que em vários casos transigia com o coronelismo.

Pinheiro Machado e o marechal Hermes da Fonseca, presidente da República, eram os mais visados pelas críticas e paródias. As composições carnavalescas estavam cada vez mais presentes. No carnaval de 1915, outra adaptação também fez muito sucesso. Era uma polca italiana, "Ó Filomena!", que recebeu os seguintes versos:

Ó Filomena,
Se eu fosse como tu
Tirava a urucubaca
Da cabeça do Dudu.

Na careca do Dudu
Já subiu uma macaca
Por isso, coitadinho,
Ele tem urucubaca.

Convém esclarecer que Dudu era o apelido do marechal e urucubaca, termo em vigência até hoje, todo mundo sabe que significa má sorte, peso e azar (bata três vezes na madeira!).

Ainda em 1915, um ano pródigo, outro sucesso conquistou os foliões cariocas. Mais uma polca. O enfoque não era político, porém, intensamente malicioso. "É da minha" é o título e o autor permanece no anonimato.

> Ai, ai,
> É da minha
> A urucubaca da miudinha
> Ai, ai,
> É da nossa
> A urucubaca da perna grossa.
>
> Ai, foram-se os peitos
> Da velha macaca
> Agora não temos
> A urucubaca.
>
> Galinhas e frangos
> Já pedem socorro
> Nasceram espinhas
> Até no cachorro.
>
> Fatiota que eu visto
> Ninguém usa mais
> Tem urucubaca
> De lado de trás.
>
> Ainda ontem à noite
> Fisguei um peixão
> Na hora precisa
> Faltou-me limão.

O nascimento daquele que é considerado o primeiro samba foi, de certo modo, resultado de um fato político. É notório que na casa da Tia Ciata juntavam-se as duas vertentes mais importantes da cultura carioca: o culto aos orixás e a música popular. As sessões de macumba e os encontros dos músicos que se dedicavam a tocar maxixes e batuques eram perseguidos pela polícia de forma "democrática", isto é, sobrava sempre, e igualmente, para uns e outros.

A casa da Tia Ciata, nas proximidades da Praça Onze, gozava de total invulnerabilidade não só porque a veneranda baiana tinha uma indiscutível força espiritual, mas também porque muitas autoridades iam lá "bater cabeça", ou seja, iam lá fazer seus pedidos e reverenciar a grande matriarca.

A perseguição do jogo no Brasil é uma história que beira o surrealismo. O mesmo poder que o persegue é proprietário de várias modalidades de jogatina. E isto não é de hoje!

Quando em fins de 1916 o chefe de polícia da cidade do Rio de Janeiro, Aurelino Leal, dando seguimento ao que outros antecessores fizeram, resolveu deflagrar uma ação espetacular contra o jogo nos clubes, estava claro que era mais uma encenação para satisfazer uma parte da imprensa que fazia campanha contra. Tanto era assim, que ele ordenava aos delegados distritais que não fizessem nenhuma autuação sem antes falar com ele. Havia alguns interesses que deveriam ser preservados.

"Pelo telefone" foi a primeira composição que teve a designação de samba e foi registrada na Biblioteca Nacional, numa atitude pioneira de Ernesto dos Santos, o Donga, autor juntamente com Mauro de Almeida, cronista carnavalesco, que tinha o pseudônimo de Peru dos Pés Frios.

A letra original é a seguinte:

**1ª parte**
O chefe da folia
Pelo telefone
Manda me avisar,
Que com alegria
Não se questione
Para se brincar.

**2ª parte**
Ai , ai, ai,
É deixar mágoas pra trás

Ó rapaz
Ai, ai, ai
Ficas triste se és capaz
E verás.

**3ª parte**
Tomara que tu apanhes
Pra não tornar a fazer isso:
Tirar amores dos outros
Depois fazer teu feitiço...

**4ª parte**
Ai, se a rolinha
Sinhô, sinhô,
Se embaraçou.
Sinhô, sinhô
É que a avezinha
Sinhô, sinhô
Nunca sambou,
Sinhô, sinhô
Porque este samba
Sinhô, sinhô
De arrepiar
Sinhô, sinhô
Põe perna bamba
Sinhô, sinhô,
Mas faz gozar
Sinhô, sinhô.

Apesar de o primeiro verso citar "chefe da folia" no lugar de "chefe de polícia", a alusão era clara.

O jornal A *Noite*, que era contra o jogo e um dos mais lidos na época, para provar ineficiência da ação policial mandou instalar uma roleta em pleno largo da Carioca, onde ficava a redação. A idéia foi dos repórteres Castelar de Carvalho e Eustáquio Alves, e em pouco tempo o jogo corria solto. Daí nasceu a paródia que tomou conta cidade:

> O chefe de polícia
> Pelo telefone
> Mandou-me avisar
> Que na Carioca
> Tem uma roleta
> Para se jogar...
>
> Ai, ai, ai
> O chefe gosta da roleta
> Ó maninha
> Ai, ai, ai
> Ninguém fica mais forreta,
> Ó maninha.
>
> Chefe Aurelino
> Sinhô, sinhô
> É bom menino
> Sinhô, sinhô
> Faz o convite
> Sinhô, sinhô
> Pra se jogar
> De todo feitio
> Sinhô, sinhô
> O bacará,
> Sinhô, sinhô
> O pinguelim
> Sinhô, sinhô
> Tudo é assim
> Sinhô, sinhô.

"Pelo telefone" foi o grande sucesso do carnaval de 1917. Um estouro! E até hoje é cantado, não importa em qual versão, e homenageado como a composição que inaugurou uma nova página em nossa história musical e um marco do carnaval carioca.

O CARNAVAL, SE ALGUÉM O SABE VER
MUITO MAIS QUE INTERVALO DE PRAZER
É RITO, É LITURGIA, É CORAÇÃO
EM FRENESI DE RÍTMICA PAIXÃO.
*(Carlos Drummond de Andrade)*

# Capítulo 14

## O carnaval vai à guerra

É curioso que a I Guerra Mundial não tenha inspirado nenhuma música para o carnaval durante os quatro anos que durou (1914-1918), pelo menos nada que tenha resistido ao tempo e que tenha ficado na memória do povo ou dos historiadores.

Mas no final, com a derrota da Alemanha, o carnaval de 1919 foi festejado com um maxixe do Caninha, grande compositor injustamente esquecido, integrante da turma dos pioneiros como Pixinguinha, Donga, João da Baiana. É dele a letra e a música de "O kaiser em fuga":

> Ai, ai, ai!
> A guerra já terminou
> Com a direção de Foch
> Até o fogo cessou.
>
> Ai, ai, ai!
> Que grande satisfação
> Do kaiser ter disparado
> E abandonado a Nação.
>
> Monsieur, que dê ele?
> O kaiser já fugiu
> Já sumiu-se pra bem longe
> Que o inimigo não viu.
>
> Viva, viva
> Sempre os nossos aliados
> Que venceram essa guerra
> E prenderam os culpados.

Naquele mesmo ano, o fato político brasileiro mais relevante foi a morte do presidente Rodrigues Alves, vítima da gripe espanhola, que foi substituído pelo seu vice, Delfim Moreira. Eduardo Souto, compositor versátil e talentoso, e o cronista carnavalesco conhecido como K.K.Reco (Norberto Bittencourt) fizeram um cateretê, ritmo muito comum na época, a que deram o título de "Seu Derfim tem que vortá". Repare no tamanho da letra:

Nhô Derfim tem que vortá
Por vontade ou sem querê
Porque aqui na capitá
Não tem mais nada a fazê
Nhô Derfim boa viaje
Escreva sempre prá cá
Bem pensado é bobage
Sê mandante sem mandá.
O trem apita
Chegou a hora
Cabou a fita
Pode i s'imbora
Porem na Centrá
O nosso homenzinho
Ficou prá embarcá
Molinho, molinho...

Não brabeja nhô Derfim
Qu´isto tudo é bem querê
E range um quarto prá mim
Passá um méis com mecê!
Que grande celebridade
Mecê veio aqui cavá
Pois mostrô sê na verdade
Bem guardado de lugá.

Veja que cateretê
E que trovas divirtida
Nós fizemos prá mecê
No momento da partida
E vou ainda fundá
Quando achá quem abone
Um grupo que vou chamá
"Os amigos do trombone".

Delfim Moreira cumpriu o restante do mandato de Rodrigues Alves, enquanto uma renhida campanha eleitoral tomava conta do país. Dois eram os candidatos que empolgavam o eleitorado: Epitácio Pessoa e Rui Barbosa. O grande campo da chamada batalha cívica foi na Bahia, terra de Rui. Mas as urnas sorriram para Epitácio e o senador baiano, um dos maiores tribunos do país, recolheu-se num mutismo absoluto.

Sinhô, que já havia se proclamado o rei do samba, e era um compositor popularíssimo, aproveitou-se da temática e fez "Fala meu louro", indiscutível sucesso no carnaval de 1920.

A Bahia não dá mais coco
Para botar na tapioca
Pra fazer o bom mingau
Para embrulhar o carioca.

Papagaio louro
Do bico dourado
Tu falavas tanto
Qual a razão que vives calado?

Não tenhas medo
Coco de respeito
Quem quer se fazer não pode
Quem é bom já nasce feito.

Ainda nesse carnaval, José Barbosa da Silva, o Sinhô, emplacou outro grande sucesso que se espalhou por muitos anos. Quanto à origem e razão desta marcha, "O pé de anjo", há duas versões: uma, de que seria para mexer com o China, irmão de Pixinguinha, que usava sapatos de bico pontiagudo e andava às turras, ele e o grupo dele, com Sinhô; a outra, que era uma gozação em cima do chefe de polícia Belizário Távora, que não gostava de carnaval e tinha pés enormes.

> Eu tenho uma tesourinha
> Que corta ouro e marfim,
> Serve também pra cortar
> Língua que falam de mim.
>
> Ó pé de anjo, ó pé de anjo,
> És rezado, és rezador
> Tens um pé tão grande
> Que és capaz de pisar
> Nosso Senhor, Nosso Senhor!

# Capítulo 15

## Carnaval eleitoral

Em 1921, o país foi sacudido com outra campanha eleitoral para presidente da República. O candidato da situação para suceder Epitácio Pessoa era o ex-presidente de Minas Gerais (naquela época cada estado tinha presidente e não governador) Artur da Silva Bernardes. O oponente era o fluminense Nilo Peçanha, que tinha como companheiro de chapa o baiano J. J. Seabra.

A disputa era acirrada e os dois lados não contemporizavam em matéria de xingamentos e apelidos. Os partidários de Nilo chamavam Artur de "Rolinha" e "Seu Mé", por causa da barbicha de bode. E foi aí que deu o estalo em Luiz Nunes Sampaio e Freire Junior, e compuseram a marcha "Ai, seu Mé!":

Ai, seu Mé!
Ai, seu Mé!
Lá no palácio das águias
Olé,
Não hás de por o pé.

O Zé Povo quer a goiabada
Campista
Rolinha desista
Abaixe esta crista
Embora se faça uma bernarda
A cacete
Não vais ao Catete
Não vais ao Catete.

O queijo de Minas tá bichado
Seu Zé,
Não sei por que é!
Não sei por que é!
Prefiro bastante apimentado
Iaiá
O bom vatapá,
O bom vatapá!

Deu a maior confusão. Foi protesto de todo lado. Proibiram a marchinha e prenderam Freire Junior. Aliás, só ele. Pouparam o Luiz Nunes ninguém sabe o porquê. Mas é o tal negócio, a voz do povo é a voz de Deus, o boca a boca funcionou e não demorou muito todo mundo cantava "Ai, seu Mé!" mesmo a *sotto voce*.

Há quem afirme que em Minas chegou até a circular uma versão em italiano.

Mas no ano seguinte não teve jeito. O povaréu foi para as ruas e, nos blocos, cordões e salões, todo o mundo cantava a irreverente marcha, tornando-a um dos maiores sucessos da década.

O grande número de bons compositores, sempre inspirados e atentos à vida cotidiana, fazia com que a canção carnavalesca se tornasse não só uma expressão artística, mas, também, uma válvula de escape para aliviar os desmandos de alguns poderosos. Exemplo perfeito disso foi a portaria baixada pelo chefe de polícia, que prendia os bolinas, que eram rapazes – e às vezes senhores – que se dedicavam ao esporte de bolinarem as moças que faziam compras ou passeavam pelas principais ruas do centro da cidade.

O fato não escapou à ironia, nem à sátira de Eduardo Souto, que lançou a marcha "Eu só quero é beliscá":

Ô sá dona, não se zangue
Vancê pode assocegá

Eu não vim fazê baruiu
Eu só quero é beliscá!

Ai, ai, ai,
Com licença da Sinhá
Ai, ai, ai
Eu só quero é beliscá.

Seu dotô, seu delegado
Dá licença prá passá
Eu não vim fazê baruiu
Eu só quero é belisca.

Me dissero que a puliça
Deixa a gente pandegá
Eu inté nem faço nada
Eu só quero é pandegá.

O mesmo aconteceu com Sinhô, que em protesto à censura que vigorava no Rio de Janeiro, fez um samba cujo título já diz tudo: "Fala baixo", onde faz citação de um dos apelidos de Artur Bernardes, "Rolinha".

Quero-te ouvir cantar
Vem cá, rolinha, vem cá
Vem para nos salvar
Vem cá, rolinha, vem cá.

Não é assim
Assim não é,
Não é assim
Que se maltrata uma mulher.

O ano de 1922 foi a comemoração do centenário da Independência do Brasil. Ainda que a data só seria plenamente festejada em setembro, como é óbvio, o carnaval não deixou de ter alguns aspectos cívicos alusivos à ocasião, principalmente os carros das sociedades que sempre registraram os fatos importantes.

Foi ainda Eduardo Souto que, para o carnaval daquele ano, fez uma réplica a "Ai, seu Mé!", provocando Nilo Peçanha, o candidato derrotado:

> Não há mais goiabada
> Que seja boa para se comer
> Ficou tão estragada
> Que o português já não quer vender.
>
> Seu aquele,
> Pra que tanto estrilo
> Foi você
> Quem fez tudo aquilo.
>
> Meu benzinho
> Coitadinha, escuta
> A goiaba
> Nunca foi boa fruta.
>
> O arroz de Pendotiba
> Nunca chegou aqui no mercado
> Nem mesmo lá em riba
> O tal arroz nunca foi achado.

De acordo com Edigar de Alencar, a menção ao "arroz de Pendotiba" se refere a um episódio vivido por Nilo Peçanha que, quando presidente da República (1909-1910), determinou a plantação de arroz nos terrenos alagados dos subúrbios de Niterói. Certa vez, acompanhando uma importante figura do governo francês a Petrópolis, quando passavam por vastos capinzais na baixada fluminense, ao responder à pergunta do visitante sobre o que seria aquilo, ele não titubeou e respondeu: "É arroz, excelência".

Durante o governo de Artur Bernardes o arrocho da censura foi de tal maneira que inibiu os compositores de carnaval. O estado de sítio que vigorou durante quatro anos foi um freio na alegria e na sátira, elementos indispensáveis à festa. Ainda assim, alguns ousavam metáforas que conseguiam escapar do crivo do censor. Numa alusão a um dos apelidos do presidente, "Rolinha", e aproveitando-se do fato de que os pardais infestavam o largo da Carioca, onde ficava o jornal *A Noite* que, como todos os outros, sofria o arbítrio da censura, Luiz Nunes fez a marchinha "Os passarinhos da Carioca":

> Meu passarinho fugiu, fugiu
> Meu passarinho voou, voou
> Na Carioca ele pousou
> Em frente à Noite ele me sujou.

Eduardo Souto, sempre atento, e João da Praia também registraram na marcha "Quando me lembro" uma lembrança de tempos idos, que tinha a ver com liberdade de expressão:

> Quando eu me lembro do meu tempo antigo
> Daquele tempo que eu passei contigo
> Dos belos sonhos que não voltam mais
> Ai que saudade, ai que saudade isso me faz.

O chefe de polícia no Rio de Janeiro, em 1925, era o marechal Fontoura. Homem rígido na disciplina, não dava folga a quem achasse que estava transgredindo as regras que, para ele, eram moralidade e decência públicas. No período carnavalesco, ele exibia todo o seu poder. Baixava normas que vinham à cabeça a torto e a direito. Podia isso, não podia aquilo; ocorre que a coluna do aquilo era bem maior.

As letras eram esmiuçadas até que se encontrasse algo comprometedor. Máscaras eram terminantemente proibidas, caminhão não podia fazer corso, fantasias com espanador nem pensar e na avenida Rio Branco os pedestres só podiam andar obedecendo mão e contramão, isso para evitar os bolinas.

José Francisco de Freitas lançou para o carnaval de 1926 a marcha intitulada "Eu vi":

Eu vi
Eu vi
Você beliscar Lili
Quando beliscava assim
Ela nervosa enfim
Ficou ao ver-me ali...
Em teus olhinhos vejo
Que tudo tens desejo
Quando desinquieto ele estava
Junto de uma zinha
Toda gente assim cantava.

Quando ele pisca, pisca
A zinha pega a isca
Quando no escuro escutava
Sua risadinha
Toda gente assim cantava.

Freire Junior foi um ativo compositor e revistógrafo. Considerado pela crítica como um mestre da caricatura política, correspondia, na música, ao que J. Carlos era para a imprensa, com seus traços originais e refinados. Nos anos 1920 a política brasileira gravitava em torno do eixo São Paulo–Minas. Chamava-se a política do café-com-leite, que inspirou Freire Junior a compor o seguinte maxixe:

Nosso mestre-cuca movimentou
O Brasil inteiro,
Pois cada um estado prá cá mandou
O seu cozinheiro
Mexeu-se a panela, fêz-se a comida
Com perfeição.

Café paulista,
Leite mineiro
Nacionalista
Bem brasileiro.

É preto com branco, café com leite
Cor democrata
E preto com branco meu bem aceite
Cor da mulata
O leite é bem grosso, o café forte
Agüenta a mão
As novas comidas têm que dar sorte
Na situação.

NUTRIDO POR FONTES NEGRAS, BRANCAS E INDÍGENAS, O CARNAVAL É UMA IMAGEM ESPETACULAR DA SOCIEDADE TRIÉTNICA BRASILEIRA E UMA ESPÉCIE DE HISTÓRIA SOCIAL DO PAÍS NO TRIÂNGULO FORMADO PELA EUROPA, A ÁFRICA E A AMÉRICA.
(Alfons Hug)

# Capítulo 16

## De olho no voto

O carnaval de 1927 seria particularmente muito animado. Suspenso o estado de sítio e, conseqüentemente, a censura, todo o mundo respirou aliviado. O novo presidente, Washington Luiz, gozava de grande prestígio da população e da imprensa, e para prefeito da cidade foi nomeado Prado Junior, pessoa de tratamento afável e entusiasta do carnaval. A produção de sambas e marchas foi, acentuadamente, maior do que a dos últimos anos.

Saudando os novos tempos e o próprio presidente, Sá Pereira fez o povo cantar seu samba "Paulista de Macaé":

> Paulista de Macaé
> O homem, de fato, é.
> E no Palácio das Águias
> Com o povo ele pôs o pé!
>
> Se a rua piso
> Com o sorriso
> Democrático
> Té me chamam de simpático
> E chego a encabular.
> Isso porque vivo
> Tranqüilo e não me aflijo
> E em vez da ilha do Rijo,
> Busco o seio popular.

Dois anos depois, o consagrado Eduardo Souto apresenta uma marchinha, "É sim, senhor", que exalta a política de abertura de estradas de Washington Luiz, mas não deixa de alfinetar a reforma financeira:

Ele é paulista?
É sim, senhor!
Falsificado?
É sim, senhor!
Cabra farrista?
É sim, senhor!
Matriculado?
É sim, senhor!
Ele é estradeiro?
É sim, senhor!
Habilitado?

É sim, senhor!
Mas o cruzeiro?
É sem, senhor!
Ovo gorado,
É sim, senhor!

Eduardo Souto

E demonstrando sua *verve* e competência, Eduardo Souto lançou ainda outra marcha com o título "Seu doutor", tendo como foco a reforma monetária:

O pobre povo brasileiro
Não tem, não tem, não tem dinheiro.
O ouro veio do estrangeiro
Mas ninguém vê o tal cruzeiro.

Ó seu doutor
Não zangue não, nem dê cavaco
Ó seu doutor
Viver assim é um buraco.

O ano de 1929 foi de grande agitação política. Eleições próximas, candidatos em posição extremada, a política do café-com-leite mais uma vez em cena e o carnaval chegando.

Freire Junior volta ao seu tema predileto e faz uma marchinha laudatória a Julio Prestes, que representava São Paulo, contra Antonio Carlos de Minas Gerais. O título da marcha, "Seu Julinho vem":

Seu Julinho vem,
Seu Julinho vem,
Se o mineiro lá de cima descuidar
Seu Julinho vem,
Seu Julinho vem,
Vem, mas custa muita gente há de chorar.

Ó seu Toninho
Do torrão do leite grosso
Bota cerca no caminho
Que o paulista é um colosso
Puxa a garrucha
Finca o pé firme na estrada

Se começa o puxa-puxa
Faz do seu leite coalhada

Ó seu Julinho
Sua terra é do café
Fique lá sossegadinho
Creia em Deus e tenha fé
Pois o mineiro
Não conhece a malandragem
Cá no Rio de Janeiro
Ele não leva vantagem.
Mas levou...

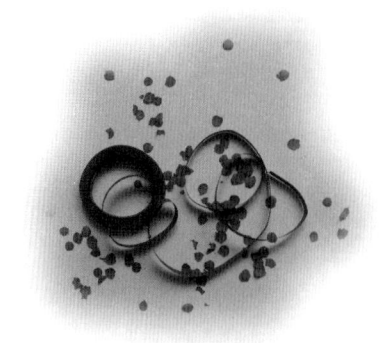

# Capítulo 17

## Mirando no Gegê

É claro que a deposição de Washington Luiz e a chegada triunfal de Getúlio Vargas tinham que estar presentes no carnaval de 1931. E foi, efetivamente, o que aconteceu. Lamartine Babo, que estava dando seus primeiros passos como compositor e radialista, já tendo gravado músicas carnavalescas ("Lua cor de prata", "Calças largas") sob o pseudônimo G.Ladeira e Dr. Boato, apresentou "O barbado foi-se", que ele chamou de marcha-embolada:

> Do Sul a Norte
> Todos viram a intrepidez
> De um Brasil heróico e forte
> A raiar num dia três...
> A Paraíba
> Terra santa, terra boa
> Finalmente está vingando
> Salve o grande João Pessoa!
>
> Doutor Barbado
> Foi-se embora
> Deu o fora...
> Não volta mais!
> Não volta mais!
>
> A mineirada
> Lá da serra da coalhada
> Nos sertões da Mantiqueira...
> O Rio Grande
> Sem correr o menor risco

Amarrou por telegrama
Os cavalos no obelisco.

O compositor André Filho, que algum tempo depois se tornaria famoso para sempre com a marcha "Cidade maravilhosa", também se fez presente com a marcha "Seu Getúlio vem", acrescentando na edição que ela havia sido proibida pela polícia do governo deposto.

Ó seu Getúlio vem
Ó seu Getúlio vem
Lá no Catete
Só ele nos convém.

Seu Getúlio é bam-bam-bam
No palácio ele há de estar
Para tudo está disposto
Disposto até pra lutar
Fale o povo o que quiser
Tudo isso é tapeação
Na cadeira há de sentar
Só quem vencer na eleição.

Todos falam sem ter razão
Mas a coisa se faz com jeito
Seu Getúlio está por cima
Pois quem é bom já nasce feito
No palácio do Catete
Vamos ver quem tem mais caroço
A vitória há de ser um fato
Porque o gaúcho é um colosso!

Depois da constituição do ministério, tarefa que azucrina qualquer presidente, a pasta do trabalho era a que maiores esperanças despertava no povo, já que o desemprego era brutal. Com o assédio de centenas de candidatos que queriam arranjar um emprego, de preferência em alguma repartição pública, os funcionários do ministério diziam: "traga um retrato e estampilha, e vamos ver o que se pode fazer".

Este foi o mote para Ismael Silva, Noel Rosa e Francisco Alves comporem uma marchinha que logo caiu no gosto do povo, a partir do título "Gosto, mas não é muito".

> Olha, escuta meu bem
> É com você que eu estou falando, neném
> Esse negócio de amor, não convém
> Gosto de você, mas não é mui.....to, mui.....to
>
> Fica firme, não estrila
> Traz o retrato e a estampilha
> Que eu vou vê
> O que posso fazer por você.
>
> Teu amor é insensato
> Me amofinou mesmo de fato
> Não leve a mal
> Eu prefiro a lei marcial.

Teve ainda outra marcha que caiu no gosto popular, apesar de haver quem diga que o Gegê citado não era o presidente Getúlio Vargas, que só ganharia o apelido tempos depois. Seus autores foram Getúlio Marinho e Eduardo Souto.

> Tenha calma, Gegê
> Tenha calma, Gegê
> Vou ver se faço
> Alguma coisa por você.
>
> Não se aborreça
> Não é preciso chorar
> Güenta um pouco, meu amor
> Que as coisas vão melhorar.

> O seu pedido
> Já foi meu bem despachado
> O decreto já saiu
> É na enxada e não no machado.

É do conhecimento público que a famosa marcha "Teu cabelo não nega" teve como compositores originais os irmãos Valença (João e Raul), conhecidos e prestigiados autores pernambucanos. À parte a melodia muito bonita, os versos eram longos, se bem que muito apropriados, mas quando a mulata chegou ao Rio, recebeu um tratamento especial do então jovem Lamartine. Ele conservou o título, não ignorou a autoria dos irmãos, mas acrescentou uma introdução que até hoje, quando tocada, sacode o salão ou a rua, e mexeu na letra, o que hoje se diria que ele deu uma copidescada.

E mais, deu um peteleco no posto que estava em voga naquele momento pós-revolucionário: o tenente interventor.

> O teu cabelo não nega,
> Mulata,
> Porque és mulata na cor.
> Mas como a cor não pega,
> Mulata,
> Mulata eu quero o teu amor.
>
> Tens um sabor
> Bem do Brasil,
> Tens a alma cor de anil.
> Mulata, mulatinha, meu amor
> Fui nomeado teu tenente interventor.
>
> Quem te inventou,
> Meu pancadão,
> Teve uma consagração,
> A lua te invejando fez careta
> Porque mulata, tu não és deste planeta.

Quando meu bem
Vieste à terra
Portugal declarou guerra,
A concorrência então foi colossal
Vasco da Gama contra o Batalhão Naval.

Até então os festejos carnavalescos aconteciam por iniciativa das agremiações envolvidas, ranchos, sociedades, blocos, cordões, clubes e as incipientes escolas de samba. O poder público não tinha nenhum envolvimento, a não ser na liberação de licença para os desfiles, o policiamento ostensivo e a organização do trânsito. Ainda que, em 1929, a prefeitura tenha liberado a verba de cem contos de réis para cada uma das chamadas grandes sociedades.

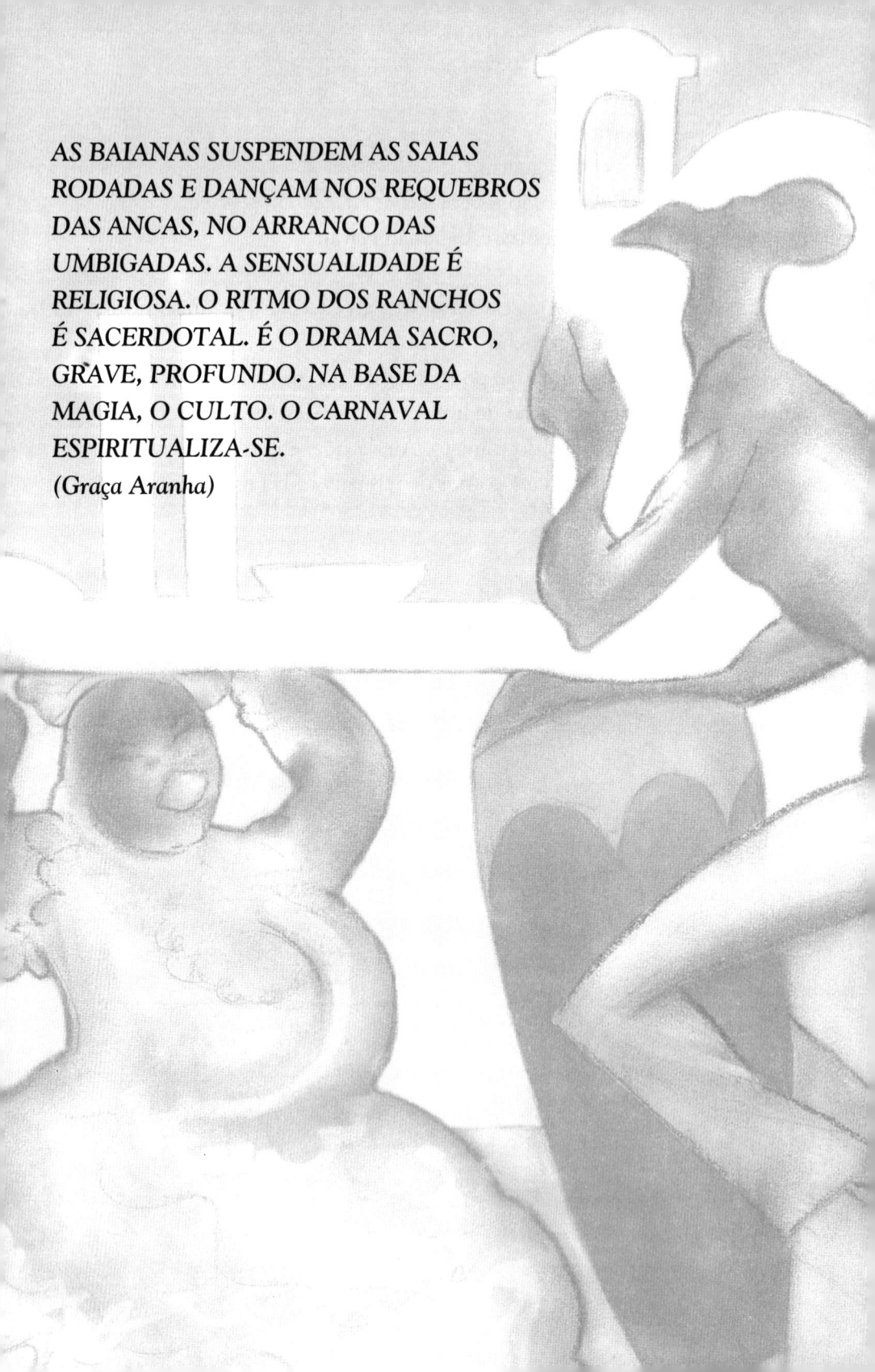

AS BAIANAS SUSPENDEM AS SAIAS RODADAS E DANÇAM NOS REQUEBROS DAS ANCAS, NO ARRANCO DAS UMBIGADAS. A SENSUALIDADE É RELIGIOSA. O RITMO DOS RANCHOS É SACERDOTAL. É O DRAMA SACRO, GRAVE, PROFUNDO. NA BASE DA MAGIA, O CULTO. O CARNAVAL ESPIRITUALIZA-SE.
(Graça Aranha)

# Capítulo 18

## O carnaval muda a cara

O ano de 1932 passa a ser um marco na história do carnaval carioca. O prefeito Pedro Ernesto, entusiasta da festa, entrega a organização para o Touring Club do Brasil e Comissão de Turismo da Prefeitura, dando, assim, uma chancela oficial. A medida foi criticada por muitos e aplaudida por outros tantos. Havia os que acreditavam que a entrada do governo seria um fator inibidor das sátiras, das críticas, da insolência característica do carnaval. Do outro lado, os que achavam que uma nova era surgia, um capítulo novo passava a ser escrito e vivido.

O ano de 1932 também foi o "Ano I" dos desfiles das escolas de samba. Deu-se na mítica Praça Onze, no domingo, dia 7 de fevereiro, e se inscreveram dezenove agremiações. A comissão julgadora estava formada por João Lira, Orestes Barbosa, Fernando Costa, Raimundo Magalhães (que viria a ser pai da futura carnavalesca Rosa Magalhães), J. Reis e o casal Álvaro e Eugênia Álvaro Moreira. O patrocínio era do jornal *O Mundo Sportivo*. A escola campeã foi a Estação Primeira de Mangueira, seguida da Linha do Estácio e Vai Como Pode (futura Portela) em segundo lugar; Para o Ano Sai Melhor e Unidos da Tijuca, respectivamente, terceiro e quarto lugares.

Se bem que realizado em caráter extremamente particular, não se pode deixar de registrar o concurso que José Gomes da Costa, mais conhecido como, Zé Espinguela, misto de pai-de-santo e sambista, organizou na rua em que morava, no Engenho de Dentro, no dia de São Sebastião, que naquele ano caiu num domingo. Três escolas concorreram: Conjunto Oswaldo Cruz, que mais tarde chamou-se Quem nos Faz é o Capricho, Vai Como Pode e, finalmente, Portela, Mangueira e Estácio.

Cada escola apresentava seus sambas através de seus representantes e, assim, Heitor dos Prazeres e Antonio Caetano representavam

Oswaldo Cruz; Cartola e Arturzinho Faria, a Mangueira; e Ismael Silva, o Estácio. E a vitoriosa foi Oswaldo Cruz.

Claro que, iniciando uma tradição que durou muito tempo, a contestação foi geral. Quase degenera numa total pancadaria, não fosse a ascendência moral e espiritual de Zé Espinguela. A turma da Mangueira e do Estácio não se conformava com o resultado, principalmente a do Estácio que não aceitava a desclassificação de Ismael por ter levado um conjunto com instrumento de sopro, no caso, o flautista Benedito Lacerda.

Para acalmar os ânimos, Zé Espinguela marcou a entrega para o domingo de carnaval e a festa foi feita nas escadarias da Escola Benjamim Constant, na Praça Onze. E aí, salomonicamente, decidiu homenagear todos os concorrentes dando uma taça para cada um. E assim fez, porém adornando cada uma com fitas coloridas. A taça de Oswaldo Cruz levou fitas azul e branca, porque N. S. da Conceição era a patrona da escola; a Mangueira ficou com verde e rosa, sugestão de Cartola remetendo ao Bloco dos Arrepiados, do qual ele também fazia parte; e o Estácio recebeu fitas vermelha e branca, por causa do America Football Club, que tinha muitos torcedores no bairro. E, por acaso ou não, as escolas adotaram definitivamente essas cores.

As escolas nasceram tendo como eixo de suas atividades o samba-enredo, condensando a história que o enredo, tal como um libreto operístico, queria (ou quer) contar. Essa modalidade, que se tornou um gênero musical, foi importada dos ranchos que sempre desfilavam com um samba e uma marcha-de-rancho. Aliás, ainda focalizando o carnaval de 1932, o carnaval da mudança, vale lembrar que o rancho Deixa Falar desfilou com um enredo de caráter político intitulado A *primavera e a Revolução de Outubro*. Sendo que o outubro em questão era o da nossa Revolução de 1930 e não a de 1915, na Rússia. Era um enredo em homenagem ao presidente Vargas.

Também sob os auspícios da prefeitura foi realizado o primeiro baile à fantasia do Teatro Municipal, que passou a ser uma tradição no carnaval do Rio de Janeiro. Foram mais de 4 mil ingressos vendidos, três grandes orquestras: Típica Brasileira Copacabana, Típica Nacional Odeon e a do Copacabana Palace Hotel. Nos camarotes oficiais estiveram o presidente da República, dr. Getúlio Vargas; a primeira-dama, dona Darcy Vargas; e vários ministros de Estado.

A Revolução Constitucionalista de 1932 de São Paulo, musicalmente, rendeu para o carnaval carioca de 1933 uma marcha de João de Barro, que fazia referência aos três elementos principais do levante: o trem blindado, a matraca e o capacete de aço; e se tornou um enorme sucesso na gravação de Almirante: "Trem blindado".

Meu bem pra me livrar da matraca
Da língua de uma sogra infernal
Eu comprei um trem blindado
Pra poder sair no carnaval...

Mulata, por teu encanto
Muito eu levei na cabeça
Porém, agora, eu duvido
Que isto outra vez aconteça.
Do teu falado feitiço
Eu pouco caso lhe faço
Mandei fazer em São Paulo, mulata
Um capacete de aço.

Mulata, quando eu te vi
Logo pedi anistia
Pois os teus olhos lançavam
Terrível fuzilaria
E pra ninguém aderir
Ao nosso acordo amoroso
Botei na porta da casa, mulata
Um canhão misterioso.

Uma versão muito interessante e nada ortodoxa do descobrimento do Brasil foi um dos grandes sucessos do carnaval de 1934, daqueles que ficaram para sempre. Lamartine Babo expôs sua veia humorística de maneira absoluta na marcha "História do Brasil":

Quem foi que inventou o Brasil?
Foi seu Cabral... Foi seu Cabral
No dia 21 de abril...
Dois meses depois do Carnaval!

Depois...
Ceci amou Peri

Peri beijou Ceci
Ao som...
Ao som do Guarani
Do Guarani ao guaraná
Surgiu a feijoada
E mais tarde o parati

Depois...
Ceci virou iaiá
Peri virou ioiô...
De lá
Pra cá tudo mudou!
Passou-se o tempo da vovó...
Quem manda é a severa
E o cavalo Mossoró!

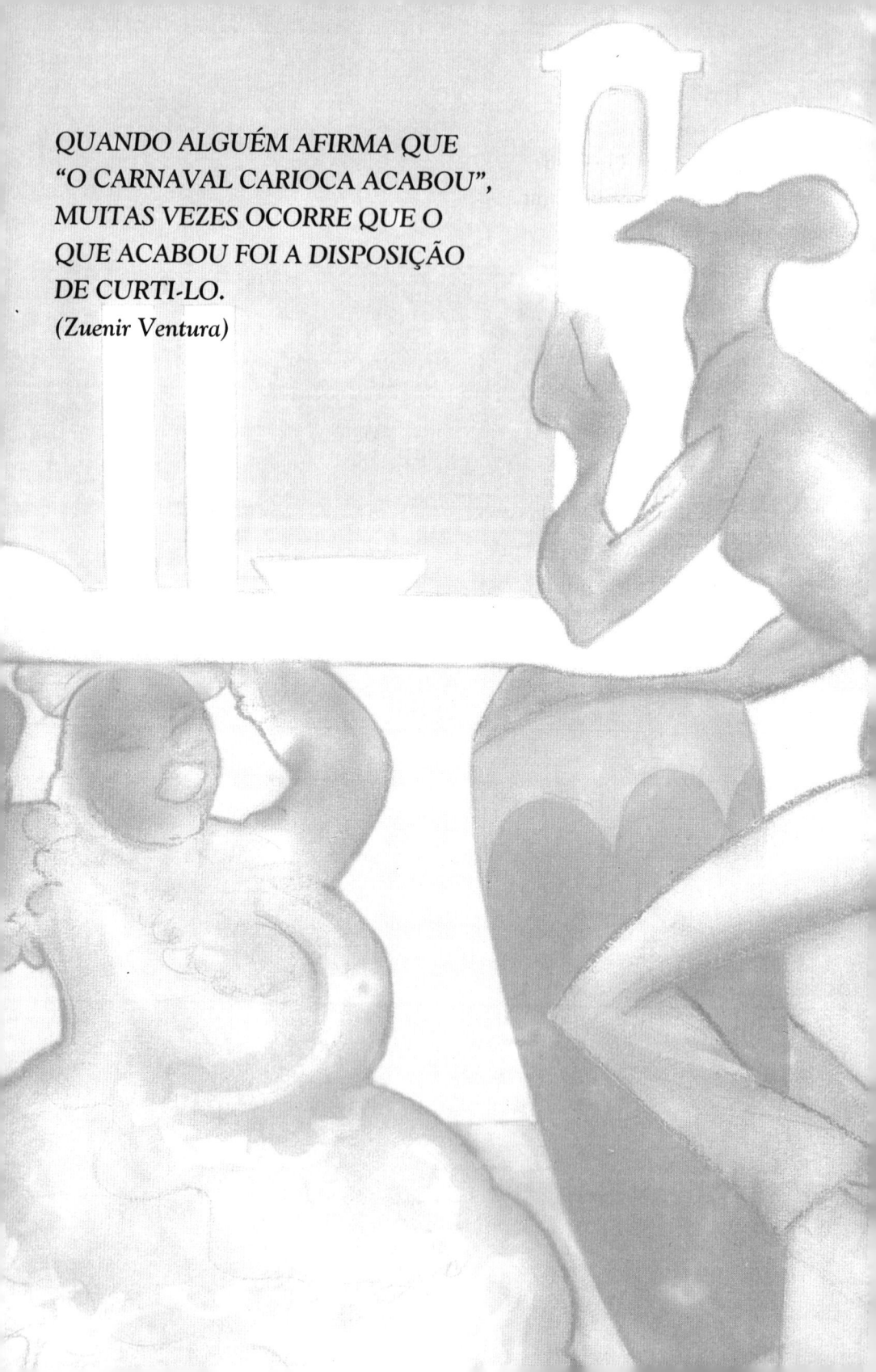

QUANDO ALGUÉM AFIRMA QUE
"O CARNAVAL CARIOCA ACABOU",
MUITAS VEZES OCORRE QUE O
QUE ACABOU FOI A DISPOSIÇÃO
DE CURTI-LO.
(Zuenir Ventura)

# Capítulo 19

## Brasil céu de anil

Os elementos cívico-patrióticos só começaram a aparecer nas escolas de samba a partir de 1935. Os políticos, porém, já haviam percebido o grande potencial desta forma de agrupamento carnavalesco no sentido de aglutinação eleitoral. Era um novo campo que se abria, proporcionando sua entrada em um núcleo que já vinha fazendo a primeira parte de uma mobilização partidária: juntar as pessoas em torno de uma causa comum. As escolas em formação no Estácio, na Mangueira, em Oswaldo Cruz, no Salgueiro, em Madureira traziam em seu bojo um mínimo de organização necessária para promover os ensaios e estruturar os desfiles.

Quando Pedro Ernesto fundou o Partido Autonomista do Distrito Federal, tinha em mira construir sua base exatamente no povo do samba, favelados, sambistas e pobres de vários matizes. Não sem motivo o poder municipal incentivou a formação da União das Escolas de Samba, transformando cada uma em nova modalidade de instituição social denominada "grêmio recreativo" e que as habilitava a receber uma subvenção do município. Em 1936, o valor total entregue à União das Escolas de Samba para a partilha foi no valor de quarenta contos de réis, segundo a notícia que o jornal *A Nação* publicou no dia 9 de fevereiro, cabendo a cada uma a soma de um conto e seiscentos e vinte mil réis, e foram destinados dois contos e quinhentos mil réis para os prêmios, que eram divididos pelos diversos quesitos: harmonia, samba, bandeira, enredo e até consolação.

Para que tenhamos um parâmetro de avaliação dessa medida monetária, vamos fazer uso de uma informação do pioneiro Ismael Silva, a quem é atribuída a fundação da primeira escola e a denominação "escola de samba" a Deixa Falar, no Estácio. Naquele ano a despesa para colocar uma escola na rua ia, no máximo, a quatrocentos mil réis.

A obrigatoriedade da temática nacional para os enredos é uma questão que até hoje é motivo de controvérsia. Há quem afirme que as autoridades baixaram essa determinação porque estaria dentro da política oficial do Estado Novo, mas acontece que o DIP (Departamento de Imprensa e Propaganda), de triste memória, só foi criado em 1939 e, em 1936, saiu um regulamento para os ranchos, que eram a força do carnaval naquele momento, que dizia no artigo 20: "É de inteira liberdade a escolha dos enredos, seja em motivos nacionais ou estrangeiros".

No regulamento dos blocos, o artigo 5 determinava: "O enredo para cada conjunto é obrigatório, podendo versar em motivos nacionais ou estrangeiros".

Quando Eloy Antero Dias, o popular Mano Eloy do Império Serrano, presidia a União das Escolas de Samba, isto em 1936, foi elaborado um regulamento que mudava essa tendência e já no primeiro artigo ordenava:

> De acordo com a música nacional, as escolas poderão apresentar os seus enredos no carnaval, por ocasião dos préstitos, com carros alegóricos e carretas, assim como não serão permitidas histórias internacionais em sonhos ou imaginação.

É o que se chamaria hoje de "reserva de mercado", compreensível, cremos, no momento em que a instituição escola de samba procurava se firmar e se tornar um diferencial no carnaval carioca. Os ranchos faziam da *Corte de Belzebu* à *Divina Comédia* sem nenhum problema.

O dispositivo de Mano Eloy nasceu, talvez, com o intuito de agradar às autoridades que estavam adotando as escolas como uma expressão das massas. Antes, outro presidente, Flávio Paulo da Costa, em carta dirigida ao prefeito destacava que eram importantes "cortejos baseados em motivos nacionais" com o objetivo de "imprimir o cunho essencial de brasilidade em nossa festa máxima".

Tanto no discurso oficial, quanto no próprio conceito popular perpassava a atmosfera de brasilidade, grandeza e orgulho nacionais. A União das Escolas de Samba nascia sob esses signos e se sentia na obrigação de ser o veículo desta sensação coletiva.

É importante frisar a relevância de Pedro Ernesto na solidificação das escolas de samba como entidades originais e congregantes. Quando perguntado sobre quem era o maior amigo das escolas, Paulo da Portela, líder incontestre nos primórdios desta história, não hesitou: "Pedro Ernesto. Depois dele, só os jornalistas".

Não à toa, ele foi homenageado no dia de 20 de janeiro de 1934, data consagrada a São Sebastião, o padroeiro da cidade, numa grande festa no campo de Santana, que constou da apresentação de todas as agremiações carnavalescas, com venda de ingressos (deve ter sido aí o início de tudo!), cujo resultado foi distribuído da seguinte maneira: 35% para as grandes sociedades; 30% para os ranchos; 25% para os blocos; 7% para as escolas de samba; e 3% para o Clube Carnavalesco Andaraí que, pelo que se nota, corria em faixa própria. O percentual destinado às escolas demonstra que, àquela altura, elas estavam longe de atingir o nível e a importância que desfrutam hoje.

Nos primeiros desfiles o regulamento permitia a apresentação de vários sambas. Alguns tinham só a primeira parte, sendo a segunda improvisada ou "versada", como se dizia na época, pelos vários compositores. Podia haver também um mesmo tema com duas, às vezes mais, versões. Em 1935, por exemplo, a Mangueira saiu com dois sambas de Cartola para o mesmo enredo, *A pátria*. Em um, ele tinha como parceiro seu amigo Carlos Cachaça:

> Eu tenho orgulho de ter nascido
> No nosso Brasil.
> A paz que encerra no seio desta
> Terra me obriga a cantar
> Enquanto eu ouço, grande
> Alvoroço febril do universo.
> Quero nestes versos
> Ó pátria querida,
> Teu nome exaltar
> Pátria querida que dá guarida a
> Um qualquer
> A cidade moderna que é seu
> Encanto, prende e seduz,

Cidade-luz que a natureza
Caprichosamente
Deu-lhe tudo que tinha para ser
A rainha soberanamente
Quando a floresta ensaia
Orquestra com seus passarinhos
Em cada galho, ninho nos vem a
Lembrança de pequenos heróis
Que como nós tiveram vontade de
Venturas mil
De contarem na história
Estrofes e glórias para o nosso
Brasil.

O outro samba é da mesma dupla e de Artur Faria, e diz:

Brasil, terra adorada
Jardim de todos estrangeiros
És a estrela que mais brilha
No espaço brasileiro
Braço é braço
Ó Brasil, és tão amado
Teu povo é honrado
Invejado no universo
Nesta bandeira afamada
Não falta mais nada
Pede o escudo
Ordem e Progresso
Houve já um curioso
Que perguntou nervoso
Brasil onde vais parar?
E respondo sempre a todos
Com o mesmo orgulho
Irei para um lindo futuro
Brasil!

O vezo patriótico e nacionalista começava a se tornar uma das características das escolas de samba. E não necessariamente focalizando episódios históricos, mas sim aspectos da fauna e flora, da importância do samba da formação de uma nova cultura nacional e o elogio de algumas personalidades. Assim foi com a Mangueira no enredo *Homenagem*, destacando os poetas Castro Alves, Olavo Bilac e Gonçalves Dias, samba de Carlos Cachaça:

> Recordar Castro Alves,
> Olavo Bilac e Gonçalves Dias
> E outros imortais
> Que glorificaram nossa poesia
> Quando eles escreveram
> As lições dos amores...

*Sonhos delirantes*, com que a Unidos da Tijuca desfilou cantando o samba "Natureza bela", de Henrique Mesquita, depois gravado com grande sucesso pelo cantor Gilberto Alves:

> Natureza bela do Brasil,
> Venha ouvir esta canção febril
> Sem você não tem noite de luar
> Pra cantar uma linda canção ao nosso Brasil.

*Santos Dumont*, do legendário Antenor Gargalhada, da Azul e Branco do Salgueiro, que compôs o samba "Asas do Brasil" para o desfile de 1938.

> Viemos apresentar
> Artes que alguém não viu
> Mocidade sã
> Céu de anil
> Dai asas ao Brasil

> Tenho orgulho desta terra
> Berço de Santos Dumont
> Nasceu e criou,
> Viveu e morreu,
> Santos Dumont
> Pai da aviação.

*Teste ao samba*, enredo do pioneiro Paulo Benjamim de Oliveira, o Paulo da Portela, que, aliás, foi o precursor da formatação dos enredos como os conhecemos hoje. No desfile de 1939, a fantasia era de alunos e professores, e a alegoria (outra grande contribuição de Paulo) foi um quadro negro em cima de uma carreta.

> Vou começar a aula
> Perante a Comissão
> Muita atenção
> Eu quero ver se diplomá-los posso
> Salve o *fessor*.

Com a instalação do Estado Novo em 1937, que trouxe de volta a censura, as músicas carnavalescas perderam o embalo da crítica. Por força das circunstâncias o escapismo era geral. Mesmo os sempre mais inspirados e argutos na metáfora não conseguiam driblar os censores. Então só restava pedir (Vicente Paiva e Jararaca):

> Mamãe eu quero,
> Mamãe eu quero,
> Mamãe eu quero mamar...

Chorar as mágoas de amor perdido (Osvaldo Silva e J. B. de Carvalho):

> Senti
> Quando você em abandonou

Chorei, chorei, chorei,
Pelo seu falso amor
Pelo falso amor...

Partir para as noitadas imprevistas (Arlindo Marques Jr. e Roberto Roberti):

Abre a janela
Formosa mulher
E vem dizer adeus a quem te adora,
Apesar de te amar
Como sempre amei
Na hora da orgia
Eu vou embora...

Ou, como cantava Araci de Almeida no samba de Assis Valente:

Vestiu uma camisa listrada e saiu por aí,
Em vez de tomar chá com torradas
Ele bebeu parati,
Levava um canivete no cinto
Um pandeiro na mão
E sorria quando o povo dizia:
Sossega leão, sossega leão!

E ainda havia quem saudasse a novidade que começava a cair na simpatia dos cariocas (Benedito Lacerda e Herivelto Martins):

Acorda, escola de samba, acorda!
Acorda, que vem rompendo o dia
Acorda, escola de samba,
Salve as pastoras e a bateria.

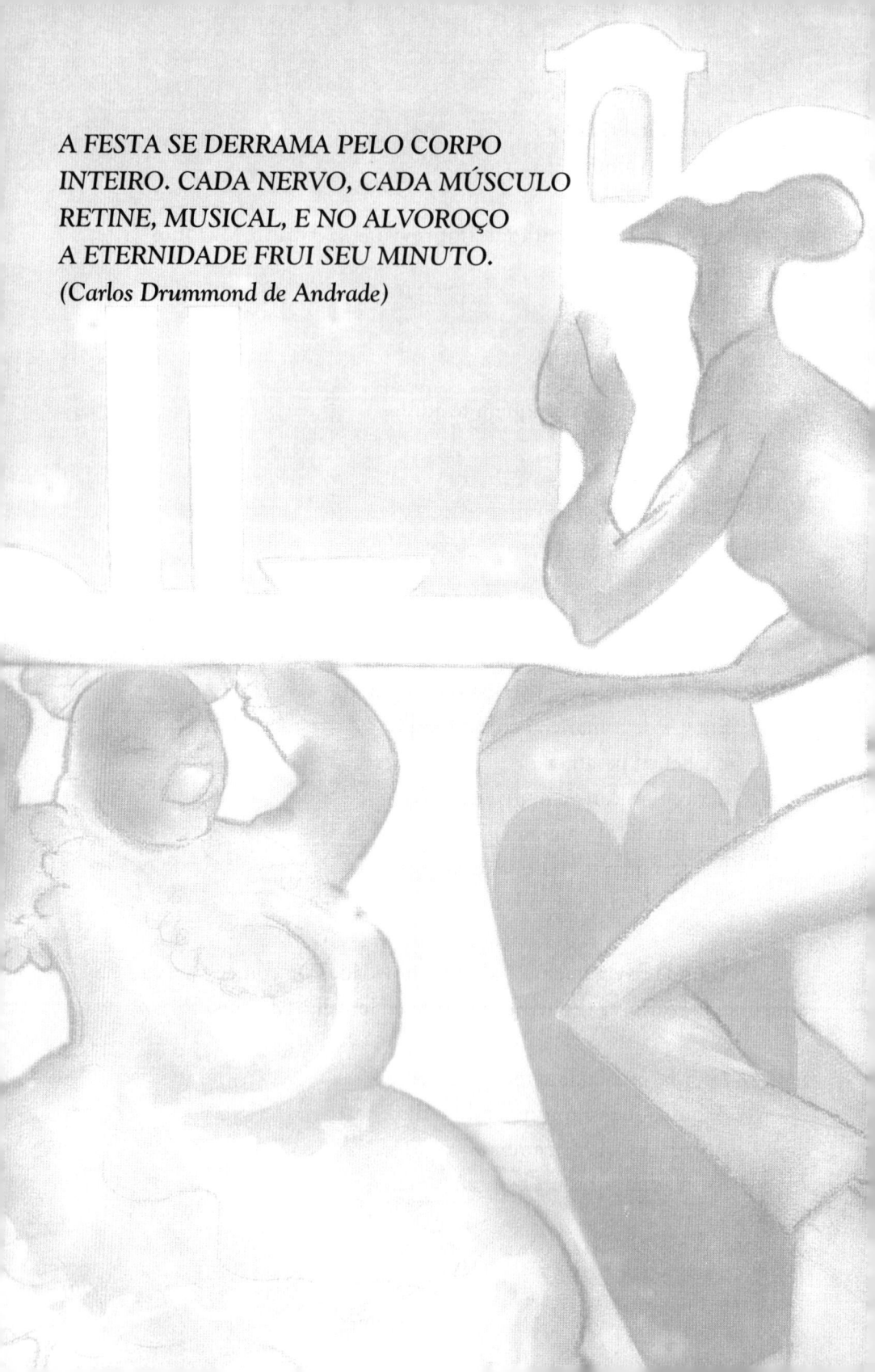

A FESTA SE DERRAMA PELO CORPO
INTEIRO. CADA NERVO, CADA MÚSCULO
RETINE, MUSICAL, E NO ALVOROÇO
A ETERNIDADE FRUI SEU MINUTO.
*(Carlos Drummond de Andrade)*

# Capítulo 20

## Registrando sempre

Se de um lado o regime getulista era implacável no trato com os adversários, por outro, incentivava as manifestações e iniciativas de cunho cultural-nacionalista. O folclore, palavra até então rara na linguagem usual, passou a ser valorizado especialmente a partir do trabalho de Mário de Andrade à frente do Departamento Cultural da Secretaria Municipal de Cultura de São Paulo, juntamente com Oneida Alvarenga, da Discoteca Pública, que empreenderam a famosa Missão de Pesquisas Folclóricas no mapeamento dos ritmos, autos, sons e danças populares do Nordeste que se tornou o catecismo dos musicólogos e etnólogos.

Alie-se a tudo isso a instituição das aulas de canto orfeônico na rede de escolas públicas, iniciativa de Villa-Lobos, e os vários coros que foram aparecendo.

A importância pode ser medida pela criação, em 1942, dentro do programa *Hora do Brasil*, criado pelo DIP para a comunicação dos feitos do governo e para o culto à personalidade do presidente, um espaço para a divulgação do folclore. Aliás, a Rádio Nacional, desde 1936, quando foi inaugurada, sempre cuidou de ter programas de difusão e valorização do nosso folclore.

E eis que em 1940 surge a primeira música carnavalesca de cunho social. Um samba, que traz o operário para o primeiro plano, contando as suas agruras e decepções, "Ó seu Oscar", de Ataulfo Alves e Wilson Batista:

> Cheguei cansado do trabalho
> Logo a vizinha me falou:
> – Ó seu Oscar,
> Está fazendo meia hora
> Que a sua mulher foi embora

> E um bilhete lhe deixou
> (Veja você)
> O bilhete assim dizia:
> Não posso mais
> Eu quero é viver na orgia!
>
> Fiz tudo para ver seu bem-estar
> Até no cais do porto eu fui parar
> Martirizando o meu corpo noite e dia,
> Mas foi tudo em vão
> Ela é da orgia.
> É... parei!

O mundo já estava assustado com o rolo compressor nazista que esmagava a Europa. Antes mesmo da convocação da Força Expedicionária Brasileira, Cartola já se apresentava voluntariamente através do seguinte samba:

> Amo-te demais, ó Pátria minha
> Tua bandeira, é meus irmãos
> O lábaro estrelado, o verde esperança,
> O amarelo ouro, o azul do céu,
> E o branco paz.
> Falo com orgulho dos heróis do passado
> Que tombaram por nós
> Para que houvesse paz.
> Mas se necessário,
> Pegarei em armas
> Para defender-te
> Jamais fugirei à luta
> Morrerei com orgulho pela Pátria Mãe.

Juntamente com Carlos Cachaça, seu grande amigo e parceiro, Cartola compôs também, demonstrando a sua preocupação política e patriótica, o samba cujo título é "Nazista, quem és?".

Exterminemos de uma vez para sempre
Os nazistas
Que mediocremente
Tiveram algumas conquistas
Atacando friamente, sem respeitar
A neutralidade
A fé, a paz, o amor, a liberdade
E pensaram que este céu, estas matas sem-fim
Seriam conquistadas tão fácil assim.

Saibam que este céu, este mar,
Este lindo cenário
Temos a defendê-los os nossos expedicionários
Oriundos de Caxias,
De Barroso e dos Tamandarés
Diante desta gente, tão pura e tão forte,
Nazista, quem és?

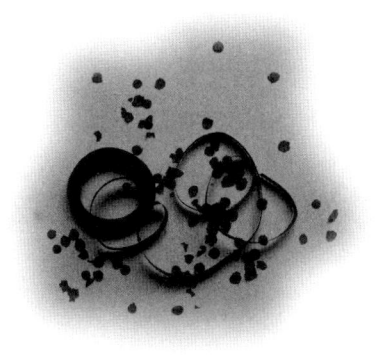

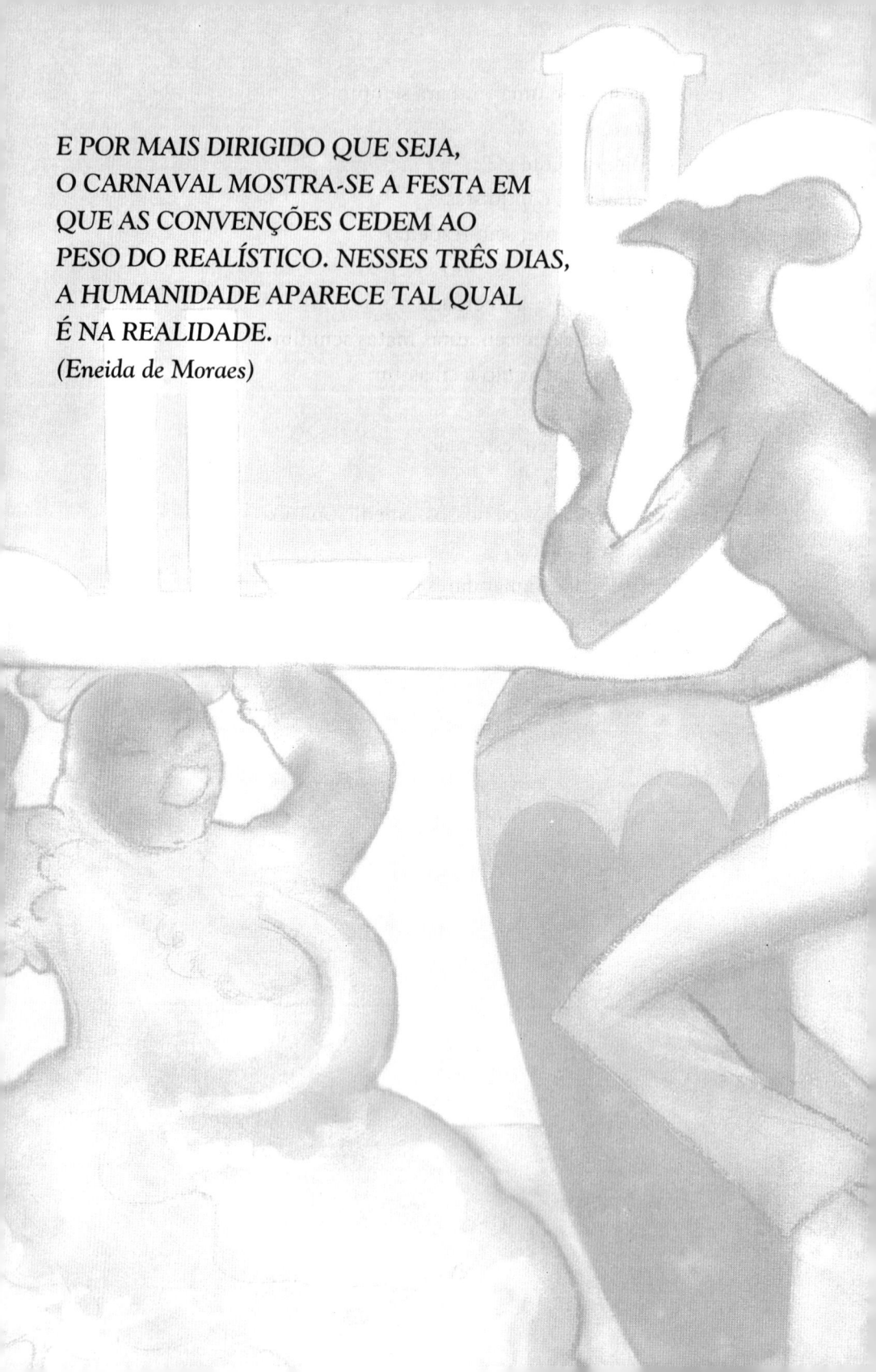

E POR MAIS DIRIGIDO QUE SEJA,
O CARNAVAL MOSTRA-SE A FESTA EM
QUE AS CONVENÇÕES CEDEM AO
PESO DO REALÍSTICO. NESSES TRÊS DIAS,
A HUMANIDADE APARECE TAL QUAL
É NA REALIDADE.
*(Eneida de Moraes)*

# Capítulo 21

## Estado Novo, aliado novo

A censura continua implacável, mas a politização do carnaval atinge seu maior grau em 1942, quando a prefeitura do Distrito Federal dedica verbas de subvenção para as escolas de samba. Porém, a entrada do Brasil na II Guerra Mundial restringiu essa benevolência no ano seguinte. Quem patrocinou o desfile de 1943 foi a Liga de Defesa Nacional (LDN) e a União Nacional dos Estudantes (UNE), entidades de cunho democrático que, aproveitando o momento, criaram o Carnaval da Vitória, juntando-se aos esforços de guerra, mobilização nacional a favor da vitória das forças aliadas, das quais o Brasil participava com a Força Expedicionária Brasileira (FEB).

O tema era único para todas as escolas, que passariam a desfilar no domingo, sendo que os ranchos e blocos desfilariam na segunda-feira e as grandes sociedades na terça-feira gorda.

O *Jornal do Brasil* noticia: "...é a primeira vez que o carnaval se realiza, possuído de um caráter nitidamente patriótico". Avisando que será premiado o samba cuja letra melhor se enquadre na idéia da vitória. O carnaval ganha mais este ingrediente por conta do reconhecimento de que a festa será "um esplêndido veículo para a preparação psicológica do povo para a luta contra o nipo-nazi-fascismo", na expressão do jornal. No entanto, uma portaria do chefe de polícia (como podemos perceber esse personagem atazana o samba, mesmo com diferentes intérpretes, desde a época do "Pelo telefone"), em certo ponto, determina nos seguintes artigos:

> XI – São proibidas as canções cujas letras ofendam a moral, ao decoro, ao Governo e à sua orientação política-administrativa.
> XII – Não serão permitidas, nem toleradas em passeatas ou quaisquer agrupamentos carnavalescos, críticas ou alegorias ofensivas à orientação seguida pelo Governo em face da situação internacional.

A exigência da LDN e da UNE para a utilização de enredos alusivos à guerra foi assim descrita pelo O *Jornal*, de 6 de março de 1943:

> O desfile de amanhã será um dos mais interessantes. Dele participarão 22 escolas de samba, compreendendo cerca de 30 mil pessoas. De todos os subúrbios, de todos os morros, de todos os recantos da cidade virão escolas, com suas danças típicas, suas orquestras [sic], sua apresentação característica.
> Ao lado dos estandartes, legendas de guerra, bandeiras de guerra. Tambores junto de cuícas. Marchas, sambas, músicas de carnaval de crítica ao Eixo, de incitação à luta, de combate ao inimigo comum. Em todos os morros, o ambiente é de entusiasmo marcante. O povo sabe por que luta.

Com a declaração de guerra do Brasil à Alemanha e à Itália, voltou a *verve* dos compositores carnavalescos que dirigiram suas críticas aos envolvidos no conflito. No carnaval de 1943, João de Barro e Alberto Ribeiro empolgaram ruas e salões com a marcha "Adolfito mata-mouros":

> A los toros
> A los toros
> A los toros
> Adolfito mata-moros.
>
> Adolfito bigodinho era um toureiro
> Que dizia que vencia o mundo inteiro
> E num touro que morava em certa ilha
> Quis espetar a sua bandarilha.
>
> Trá lá lá lá lá lá
> Lá lá lá lá lá lá
> Trá lá lá lá lá lá
>
> Mas o touro não gostou da patuscada
> Pregou-lhe uma chifrada
> Tadinho do rapaz!
> E agora o Adolfitos caracoles

Soprado pelos foles
Perdeu o seu cartaz.

Dentro do mesmo espectro, a famosa dupla compôs outra marcha, desta vez focalizando a guerra na China e a resistência do povo daquele país:

Ê China pau
China pau
Como que
Ê China pau
China duro de roer.

Li num almanaque
Que mandaram de Pequim,
Japonês de fraque
Parece pingüim.

E uma japonesa
Que tomou nanquim
Teve sete filhos
Com cabelo pixaim.
Eu já li no leque
Da mulher de um mandarim
Que pé de moleque
Já não leva amendoim.

Mas se Chiang Kai Ckek
Continua assim
Pele de inimigo
Vai servir de tamborim.

Outra composição para o mesmo carnaval, demonstrando amplamente a recuperação do gênero no sentido da caricatura e da sátira, é esta da dupla Nássara e Frazão, aludindo às dificuldades dos exércitos hitleristas ante o exército vermelho. O título do samba é "O Danúbio azulou":

Uma vez um rio valente
Quis crescer um pouco mais
Porém, encontrou pela frente
Quem lhe rasgasse o cartaz.

Danúbio azul,
Fiau, fiau,
Mudou de cor.
Fiau, fiau
Quis se meter
Fiau, fiau,
A lutador
Fiau, fiau.

E sobre o Volga
Como um louco se atirou
Mas o Volga não deu folga
E o Danúbio azulou!

A safra foi boa. A distensão foi saudável, proporcionando aos compositores a oportunidade de exercitar o que melhor tinham: a graça carioca da piada pertinente e ironia causticante. O famoso passo que os soldados alemães faziam quando marchavam por aqui ganhou o apelido de "passo de ganso". E baseado nisso, Haroldo Lobo e Roberto Roberti fizeram "Que passo é esse, Adolfo?":

Que passo é esse, Adolfo
Que dói a sola do pé,
É o passo do gato,
Não é!
É o passo do rato,
Não é!
É o passo do ganso,
Quem, quem, quem, quem.

Esse passo muita gente já dançou
Ô, ô, ô
Mas a dança não pegou
Ô, ô , ô
Mas a dança não pegou, ô
Ô Adolfo a cigana te enganou
Ô, ô, ô
Sai pra outra que a turma não gostou.

**QUE PASSO É ESSE, ADOLFO?**
MARCHA

Gravada em discos por ARACY DE ALMEIDA

Letra e Música de
Haroldo Lobo e Roberto Roberti

IRMÃOS VITALE - Editores

Uma das ações que constituíram o esforço de guerra foi a aparição das pirâmides, onde o povo contribuía com objetos de metal. Herivelto Martins, grande e versátil compositor, que em 1940 tinha feito com Grande Otelo o clássico "Praça Onze" ("Vão acabar com a Praça Onze / Não vai haver mais escola de samba / Não vai..."), uma espécie de *requiem* pelo desaparecimento do simbólico local, banido pela abertura da avenida Presidente Vargas, criou o samba que instituiu um protótipo de sambista: o "Laurindo":

Laurindo sobe o morro gritando
Não acabou, a Praça Onze, não acabou
Vamos esquentar os nossos tamborins,
Procura a porta-bandeira
E põe a turma em fileira
E marca ensaio pra quarta-feira.

E quando a escola de samba chegou
Na Praça Onze não encontrou
Mais ninguém
Não sambou
Laurindo pega o apito
Apita a evolução
Mas toda escola de samba
Largou a bateria no chão
E foi-se embora
E daí a pirâmide foi aumentando, aumentando.

Quando, em dezembro de 1941, os japoneses atacaram Pearl Harbor, alastrando o conflito da II Guerra Mundial, o efeito foi sentido no mundo inteiro. No nosso caso, o carnaval teria que registrar. E foi o que aconteceu em 1944, quando Haroldo Lobo e Cristóvão de Alencar fizeram uma marcha à qual deram o título "Ruas do Japão":

Nas ruas do Japão
Não há mão nem contramão – chi!
Lanterna de papel é lampião – chi!
Suicídio lá se chama harakiri – chi!
Aquilo é um verdadeiro abacaxi.

Quando lá é meia-noite
Aqui é meio-dia
O quimono lá é moda
Aqui é fantasia
E por isso todos dizem

Na terra do Micado
Tudo, tudo, tudo
Tudo é atravessado.

O compositor Assis Valente também deu sua contribuição com um samba que ficou na galeria dos sucessos definitivos e atemporais, retratando a política da boa vizinhança, que estava em voga entre Brasil e Estados Unidos. O título é "Brasil pandeiro":

Chegou a hora dessa gente bronzeada mostrar seu valor
Eu fui à Penha e pedi à padroeira para me ajudar
Salve o morro do Vintém, Pindura a Saia, que eu quero ver
O Tio Sam tocar pandeiro para o mundo sambar, ah!, ah!
O Tio Sam está querendo conhecer a nossa batucada
Anda dizendo que o molho da baiana melhorou seu prato
Vai entrar no cuscuz, acarajé e abará
Na Casa Branca já dançou a batucada com ioiô e iaiá.

Brasil, Brasil, esquentai vossos pandeiros
Iluminai vossos terreiros
Está na hora de sambar.
Há quem sambe diferente
Noutras terras, outra gente
Num barulho de matar...
Oi! Batucada reuni vossos valores
Pastorinhas e cantores
Expressões que não têm par
Oh! Meu Brasil...
Brasil esquentai vossos pandeiros
Iluminai os terreiros
Que nós queremos sambar.

Não somente os alemães e japoneses eram motivo da gozação dos nossos compositores. Mussolini e sua turma também não escaparam. A Sicília virou "Cecília" e assim baixou no carnaval na composição de Roberto Martins e Mário Rossi:

Pra mostrar que braço é braço
Eu conquistei Cecília,
Enfrentei bala de aço,
Mas conquistei Cecília.

Ai, ai, Cecília
Ai, ai, Cecília

Eu não sei amar a mais ninguém
E tu sabes que eu te quero bem.
Ai, ai, Cecília
Ai, ai, Cecília
Vem comigo e tu serás feliz
Ai, ai, Cecília.

Continuando na série de composições que a guerra inspirou tem mais esta marcha, de autoria de Elpídio Viana e Nelson Trigueiro, "Abaixa o braço":

> Abaixa o braço
> Deixa de teima
> Lugar de palhaçada é no cinema
> Seu Adolfo
> Pra que tanta valentia
> Se nós queremos a Democracia.
>
> Dona Cecília já se convenceu
> Vocês do Eixo muito breve saberão
> Que as Américas unidas vencerão
> Que os aliados estão no apogeu.

E o repertório é vasto. Ainda com relação à luta entre japoneses e chineses, Cristóvão Alencar e Paulo Barbosa contribuíram com mais uma marcha, "Ping-Pong":

Japonês, japonês,
Pra morrer é bom freguês
Briga! Briga! Briga!
E morre tudo de uma vez.
Ping-Pong
Campeão de Chung-King
Brigou com Pong Pong
Campeão de Hong Kong
Ping-Ping
Esquentou o Pong Pong
E desta confusão foi que nasceu o Ping-Pong.

Relembrando a polca "Rato, Rato", de 1904, Benedito Lacerda, exímio flautista e melodista de mão-cheia, e Darci de Oliveira fizeram uma deliciosa paródia intitulada "RAF, RAF", à Força Aérea Inglesa, que tanto se destacou na II Guerra Mundial:

Ouvi um chefe nazista
Cantando na emissora de Berlim
Uma marcha engraçada
E a letra era mais ou menos assim:

RAF, RAF, RAF
Vê se tens compaixão de mim
RAF, RAF, RAF
Por que motivo destruíste meu Berlim
Estás estragando o meu cartaz
Se assim continuares este ano peço paz.

Com o final da II Guerra Mundial e a vitória das forças aliadas, em maio de 1945, o verdadeiro "carnaval da vitória" aconteceu em 1946. Todas as escolas apresentaram enredos que saudavam o acontecimento. Antecipando-se, a Mangueira no ano anterior se classificou vice-campeã com um samba de José Ramos e Geraldo da Pedra, que exaltava os pracinhas da FEB, "Nossa história":

Nos chamou varonil
Incontinenti eu parti
Pra defender meu Brasil
E foi com grande prazer que eu ergui meu fuzil
Sem temer.
E eu farei tudo até morrer pra ver meu Brasil vencer
Lutei pela vitória do meu Brasil
Cantei pela vitória do meu Brasil
A voz do dever me chamou
E foi com grande prazer que eu ergui meu fuzil sem temer
E eu farei tudo até morrer
Pra ver meu Brasil vencer.

O cabo Laurindo, personagem do samba de Herivelto Martins, como já vimos, foi adotado por outros compositores e passou a representar o sambista-pracinha, um soldado da democracia. Como era natural, nos festejos da vitória lá estava ele devidamente saudado e com dois belos sambas. Um, de autoria de Haroldo Lobo e Wilson Batista, justamente intitulado "Cabo Laurindo"; o outro samba, também de Wilson Batista em parceria com Germano Caetano, se chama "Comício em Mangueira". Veja, a seguir, o primeiro samba:

Laurindo voltou
Coberto de glória
Trazendo garboso no peito
A cruz da vitória.
Oi, Mangueira, Salgueiro
Estácio, Matriz estão agindo
Para homenagear
O bravo cabo Laurindo.

As duas divisas que ele ganhou, mereceu
Conheço os princípios
Que Laurindo sempre defendeu

Amigo da verdade
Defensor da igualdade
Dizem que lá no morro
Vai haver transformação
Camarada Laurindo
Estamos à sua disposição
Oi! Laurindo voltou.

Os autores fizeram duas menções importantes na letra. Ao anunciarem: "Dizem que lá no morro" / "Vai haver transformação", fazem numa referência de que com a vitória das forças democráticas contra o nazi-fascismo, aqui dentro de casa as coisas poderiam mudar, e ao chamar Laurindo de "camarada", tanto poderia ser o tratamento de caserna, como o usado entre os comunistas.

Veja agora o segundo samba, "Comício em Mangueira":

Houve um comício em Mangueira
O cabo Laurindo falou
Toda escola de samba aplaudiu-o
Toda escola de samba chorou.
"Eu não sou herói"
Era comovente a sua voz,
"Heróis são aqueles
Que tomaram por nós"

Houve missa campal
Bandeira a meio pau
Toda escola de samba rezou
Laurindo então lembrou os nomes
Dos sambistas que tombaram.
Mangueira tomou parte na vitória
Mangueira mais uma vez na história.

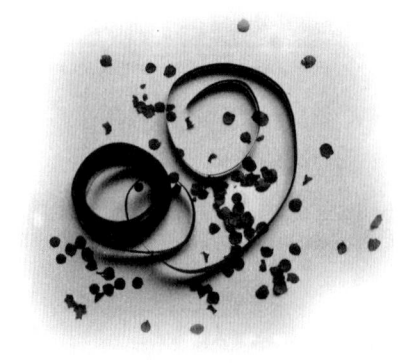

# Capítulo 22

## Nos ares da democracia

A ditadura varguista caiu em outubro de 1945 e não poderia deixar de ter seu registro no carnaval do ano seguinte. Fazendo referência a Benjamim Vargas, irmão de Getúlio e despreparado chefe de polícia, cujo apelido era Beijo, responsável por algumas trapalhadas, apareceu o samba-batucada "Seu Beijo". O autor é desconhecido.

> Foi seu Beijo
> Foi seu Beijo
> Foi seu Beijo que estragou
> Foi seu Beijo
> Foi seu Beijo.
>
> Seu beijo que atrapalhou
> Um amor de quinze anos
> Num minuto se acabou
> E a razão dos desenganos
>
> Foi um beijo que arrancou
> Beijo dado sem malícia
> Quase nunca é coisa feia
> Mas um beijo pra polícia
> É motivo de cadeia.

O carnaval de 1946 já foi sob o governo do general Eurico Gaspar Dutra. Respirava-se democracia no país. Os ventos da vitória dos aliados na Europa chegavam ao Brasil e tomavam várias formas. As escolas desfilaram apresentando enredos relacionados com o acontecimento:

| | | |
|---|---|---|
| Azul e Branco do Salgueiro | – | *Cruzada da Vitória* |
| Estação Primeira de Mangueira | – | *A Nossa História* |
| Prazer da Serrinha | – | *Conferência de São Francisco* |
| Não é o que Dizem | – | *Chegada dos Heróis Brasileiros* |
| Portela | – | *Alvorada do Novo Mundo* |
| Império da Tijuca | – | *Aos Heróis de Monte Castelo* |
| Unidos da Tijuca | – | *Anjo da Paz* |
| Vai se Quiser | – | *Pela Vitória das Armas do Brasil* |
| Fiquei Firme | – | *Somos da Vitória* |
| Mocidade Louca de São Cristóvão | – | *Alvorada da Paz* |
| Depois eu Digo | – | *A Tomada de Monte Castelo* |
| Corações Unidos | – | *As Armas da Vitória* |
| Unidos do Salgueiro | – | *Recordando a História* |
| Paz e Amor | – | *Mensagem do Samba na Assembléia das Reparações* |

Naquele ano houve outro desfile. Foi em 15 de novembro e organizado pelo jornal *Tribuna Popular*, que era o órgão oficial do Partido Comunista do Brasil. De acordo com os historiadores Marília Trindade Barbosa da Silva e Artur de Oliveira Filho, a iniciativa partiu de Vespasiano Lírio da Luz, secretário político do PCB e membro da Comissão Metropolitana da Imprensa Popular. O intento era "sensibilizar a massa proletária das escolas de samba, angariando-lhes o apoio para o partido". A União Geral das Escolas de Samba do Brasil (UGESB) elaborou o regulamento e os quesitos para julgamento foram: bandeira, harmonia, samba, conjunto, evolução de mestre-sala e porta-bandeira.

A comissão julgadora foi integrada por Edison Carneiro, Francisco Mignone, Mário Lago, Paulo Werneck e Pedro Motta Lima. Havia, ainda, comissão de honra formada por Oscar Niemeyer, Jorge Amado, Dorival Caymmi, Álvaro Moreira, Paulo da Portela (na ocasião, presidente da Escola de Samba Lira do Amor), Arnaldo Estrela, Aparício Torelli (o "Barão de Itararé"), José Calazans (o famoso Jararaca), Ataulfo Alves e Odilon Batista.

O PCB tinha saído das eleições com uma bancada numerosa e de qualidade. O campeão de votos para senador foi Luiz Carlos Prestes. Vários compositores resolveram homenagear Prestes, que estava presente no estádio do São Cristóvão, local da festa. Mano Décio, na época integrante do Prazer da Serrinha, foi um deles e "Pelo bem da humanidade" foi o samba que ele apresentou:

> Sempre lutando
> Pela nossa liberdade
> Sofreste
> Ó grande nome
> Cavaleiro da Esperança
> Ficarás para sempre na nossa lembrança.

Éden Silva, mais conhecido nas rodas de samba como caxiné da Azul e Branco do Salgueiro e "cidadão samba" daquele ano, também prestou sua homenagem com "Para nós, Prestes é imortal":

> Um hino de glória
> Cantaremos em louvor a Prestes
> Numa poesia sem igual
> Exaltaremos a vitória
> Deste grande imortal
> Prestes, pela heroicidade
> Alcançou a imortalidade
>
> Salve Cavaleiro da Esperança
> Orgulho dos homens do Brasil
> Na luta pela liberdade
> Marchamos ao seu lado
> Com todo calor varonil.

A escola de samba Prazer da Serrinha, que pouco mais tarde se tornaria Império Serrano, foi a campeã do desfile, mas o samba que empolgou todo o mundo e levantou a assistência foi "Prestes, o cavaleiro da esperança", assinado por um certo José Brito:

> Prestes, cavaleiro da esperança,
> Foi o homem que pelo povo sempre relutaste
> Teu nome foi disputado nas urnas
> Ó Carlos Prestes
> Foi bem merecida a cadeira de senador.
>
> És o Cavaleiro que sonhamos
> De ti tudo esperamos
> Com todo amor febril
> Para amenizar nossas dores
> E levar bem alto as cores
> Da bandeira do Brasil.

Alguns dias depois do desfile, Vespasiano Luz declarou formalmente que o autor do samba, o tal José Brito, outro não era senão seu amigo particular Paulo da Portela.

Prestes seria novamente tema de uma escola de samba em 1998, quando a Acadêmicos do Grande Rio apresentou o enredo *Luiz Carlos Prestes, o cavaleiro da esperança*, com um samba de João Carlos, Carlinhos Fiscal e Quaresma:

> Desperta, nasceu
> Cem anos nos pampas, que herança!
> Coração vermelho a palpitar
> Cavaleiro da esperança
> Luiz do proletário carleando a Nação
> Enfrentou adversários
> Fez do verbo o seu canhão,
> Sonhos de P de Coragem
> Cheios de C de Paixão.

> Pelas trilhas destas terras, destas terras
> Explosão de arte e guerra não se encerra
> Igualdade em seu pensar
> Bolívia, Rússia, China, um exílio que ensina
> Proporciona um novo lar
>
> Fruto de sua batalha, fez-se a tropicália
> R no Senado ascender e a Coluna vai embora
> Prestes soube e fez a hora, esperar é PerCeBer...
> Hoje de cara pintada
> Grande Rio irmanada, com imenso prazer
> Tocantins se manifesta, a hora é essa
> Prestes a acontecer.
>
> Ah! Eu tô maluco, amor
> Ah! Quero reformas já
> Ah! Quero paz e amar
> Sou Caxias, vou marchar.

A menção a Caxias é em razão da localização da escola, no município de Duque de Caxias, no estado do Rio de Janeiro.

Voltando ao desfile em homenagem ao líder comunista, em São Cristóvão, no almoço realizado na sede da escola de samba Prazer da Serrinha para a entrega da taça da vitória, o mesmo Vespasiano, que também era vereador, se comprometeu em apresentar um projeto para que todas as agremiações que tivessem sede própria, onde elas pudessem desenvolver cursos de alfabetização e profissionalizantes.

Para alguns soava como um "enquadramento" do samba, para outros uma iniciativa oportuna e necessária. Não obstante ser um governo saído das urnas, numa eleição de lisura incontestável, alguns resquícios do autoritarismo do Estado Novo permaneceram. Afinal, foram 15 anos.

Os setores mais à direita do espectro político e algumas publicações anticomunistas não perderam a oportunidade de estigmatizar o desfile realizado no campo do São Cristóvão. Para desbancar a UGESB, o jornalista Oyama Brandão Teles, do *Correio da Manhã*, fundou outra entidade, que recebeu o nome Federação Brasileira das Escolas de Samba (FBES). Consta, porém, que o autor da manobra era o também jornalista Irênio Delgado, do jornal *A Manhã*, ligado ao prefeito general Mendes de Moraes, do núcleo mais próximo ao presidente Dutra, que meses depois cassaria o registro do PCB. Mas não ficou por aí. O major Frederico Trota, que, no início, apoiou a criação da Federação, meses depois patrocinou a fundação da Confederação das Escolas de Samba. Com tantas entidades, as escolas ficaram pulverizadas e, por conseqüência, mais fragilizadas para qualquer intenção reivindicatória.

Por sua vez, a prefeitura do Distrito Federal estabelecia outras normas:

> Art. 5º À PDF, por intermédio da comissão de festejos, de acordo como o Art. 1º, comete designar a comissão de julgamento, *devendo os concorrentes aceitar, sem apelação, o veredictum por ela pronunciado.* (grifos nossos)

Mais claro, impossível. Era o estabelecimento definitivo do preceito válido até hoje: "manda quem pode, obedece quem tem juízo".

> Art. 6º Há inteira conveniência na divulgação dos enredos, ficando os concorrentes com inteira liberdade de distribuição aos jornais desta capital. *É obrigatório nos enredos o motivo nacional.* (grifos nossos)

Foi a primeira decisão explícita em relação à procedência dos enredos. No ano seguinte, 1947, no dia 14 de fevereiro, a prefeitura foi, ainda, mais clara reescrevendo a ordem:

> Art. 6º Há inteira conveniência na maior divulgação dos enredos, ficando os concorrentes com inteira liberdade para distribuição nos jornais e, ainda, apresentação do mesmo, *cujo motivo obrigatório obedeça a finalidade nacionalista.* (grifos nossos)

Nesse esclarecimento, a troca de "motivo nacional" por "finalidade nacionalista" era clara alusão aos sambas dedicados a Prestes, que poderiam ser incluídos na primeira definição.

No carnaval seguinte, dentro dos parâmetros desejados pelo poder público, Cartola e Carlos Cachaça fazem para Mangueira um belo samba, que ficou um clássico no gênero, "Vale do São Francisco":

Não há neste mundo um cenário
Tão rico, tão vário
E com tanto esplendor,
Nos montes
Onde jorram as fontes
Que quadro sublime
De um santo pintor
Pergunta o poeta esquecido
Quem fez esta tela
De riqueza mil
Responde soberbo o campestre
Foi Deus, foi o Mestre
Quem fez meu Brasil!
Meu Brasil! Meu Brasil!
Terra do ouro
Berço de Tiradentes
Que é Minas Gerais
E se vires poeta o vale
O vale do rio...
Em noite invernosa
Em nome de estio
Como um chão de prata
Riquezas estranhas
Espraiando belezas
Por entre montanhas
Que ficam e que passam
Em terras tão boas
Pernambuco, Sergipe
Majestosa Alagoas

E a Bahia lendária
Das mil catedrais.

No carnaval de 1948 destacou-se um samba que pode ser considerado o primeiro na linha da crítica social. Nessa, os censores "comeram mosca". Não perceberam a extensão da letra do "Pedreiro Waldemar", de Roberto Martins e Wilson Batista, magistral criação de Blecaute:

Você conhece o pedreiro Waldemar?
Não conhece?
Mas eu vou lhe apresentar
De madrugada toma o trem da circular
Faz tanta casa
E não tem casa pra morar
Leva a marmita embrulhada no jornal
Se tem almoço, nem sempre tem jantar
O Waldemar que é mestre no ofício
Constrói o edifício
E depois não pode entrar.

O pedreiro Waldemar tornou-se um símbolo do trabalhador urbano, uma figura presente nas conversas onde o tema fosse a desigualdade social e a carência de habitação para os pobres. Aliás, objeto de um dos mais belos poemas de Vinícius de Moraes: "Operário em construção", inspirador, por sua vez, do contundente samba de Chico Buarque de Hollanda: "Construção".

Em 1949, o samba produzido especialmente para ilustrar musicalmente a história que a escola pretende contar se firma, definitivamente, como um novo gênero batizado samba-enredo e a recém-fundada Império Serrano desfila com aquele que até hoje é presença cativa na lista dos 10 melhores sambas-enredo de todos os tempos, "Exaltação a Tiradentes", de autoria de Mano Décio da Viola, Penteado e Estanislau Silva:

Joaquim José da Silva Xavier
Morreu a 21 de abril,
Pela independência do Brasil,
Foi traído e não traiu jamais
A Inconfidência de Minas Gerais.

Joaquim José da Silva Xavier
É o nome de Tiradentes,
Foi sacrificado
Pela nossa liberdade
Esse grande herói
Pra sempre há de ser lembrado.

Um primor, que em onze versos contou, de maneira pungente, um dos mais importantes episódios de nossa história. O sucesso alcançado pelo Império Serrano despertou muita gente para tomar conhecimento de um novo momento no carnaval carioca.

Voltando ao âmbito da política habitacional, um registro implacável, não obstante o seu caráter carnavalesco, é a marcha de Paquito e Romeu Gentil apresentada em 1950, "Daqui não saio":

Daqui não saio
Daqui ninguém me tira!

Onde é que eu vou morar
O senhor tem paciência de esperar
Ainda mais com quatro filhos
Onde é que eu vou parar...

Sei que o senhor tem razão
Pra querer a casa pra morar
Mas onde eu vou ficar?
No mundo ninguém perde por esperar
Mas já dizem por aí
Que a vida vai melhorar.

134

# Capítulo 23

## ...E dá Getúlio de novo

Vencedor das eleições gerais do ano anterior, Getúlio Vargas volta à presidência da República, com uma votação consagradora, "nos braços do povo", como ele mesmo afirmou no discurso de posse.

Haroldo Lobo e Marino Pinto, este último getulista entusiasmado, escreveram um samba que tomou conta da cidade e do país, "Retrato do velho":

Bota o retrato do velho outra vez
Bota no mesmo lugar
O sorriso do velhinho
Faz a gente trabalhar, oi!

Eu já botei o meu
E tu não vais botar
Já enfeitei o meu
E tu vais enfeitar?

O sorriso do velhinho
Faz gente se animar, oi!

Repare que o "E tu", no segundo verso da segunda parte, é uma alusão a Fazenda Itu, localizada no município de Itaqui, no Rio Grande do Sul, onde Getúlio refugiou-se depois da deposição e de onde saiu para a vitoriosa campanha.

Ainda no ano de 1950 surge no firmamento do samba-enredo uma fulgurante estrela: Silas de Oliveira, unanimidade quando se trata de apontar o melhor compositor do gênero em qualquer tempo. De parceria com seu amigo Mano Décio, com quem fez tantas maravilhas, ele teve sua primeira vitória no Império Serrano com o samba "61 anos de República":

Apresentamos a parte mais importante
Da nossa história
Se não me falha a memória
Foi onde seus vultos notáveis
Deixaram suas rubricas
Através de 61 anos de República.

Depois das suas histórias proclamadas
Constituídas e votadas

Foi a mesma a promulgada
Apesar de existente e forte zunzum
Em 1891, sem causar perda
Era eleito Deodoro da Fonseca
Cujo governo foi bem audaz
Entregou a Floriano Peixoto,
E este a Prudente de Morais,
Que apesar de tudo
Terminou a Guerra de Canudos,
Estabelecendo a paz,
Terminando, enfim, todos os males.

Em seguida veio Campos Sales,
Rodrigues Alves, Afonso Pena, Nilo Peçanha,
Hermes da Fonseca e outros mais.

Hoje a justiça, numa glória opulenta
A 3 de outubro de 1950,
Nos trouxe aquele que sempre socorreu a pátria
Em horas amargas,
O eminente estadista Getúlio Vargas,
Eleito pela soberania do povo
Sua vitória imponente e altaneira
Marcará por certo um capítulo novo
Na história da República Brasileira.

Com este samba, o Império Serrano foi o campeão de 1951. Provavelmente, foi o período em que a politização do carnaval esteve mais em evidência. A nova era Vargas proporcionava um ambiente de distensão e, ao contrário do período anterior, a liberdade de crítica se exercia em sua plenitude.

A figura do presidente era cultuada, mas as mazelas políticas de sempre eram objeto da mira dos compositores. Notemos, por exemplo, a engraçada marcha dos compositores Klecius Caldas e Armando Cavalcanti, onde o foco é sobre funcionários públicos apadrinhados que já entravam na carreira nas letras mais altas, que era o método de classificação vigente. O sucesso de 1952 foi "Maria Candelária":

> Maria Candelária
> É alta funcionária
> Saltou de pára-quedas,
> Caiu na letra O,
> Ó, ó, ó, ó!
> Começa ao meio-dia
> Coitada da Maria,
> Trabalha, trabalha,
> Trabalha de fazer dó!
> Ó, ó, ó, ó.
>
> À uma,
> Vai ao dentista.
> Às duas,
> Vai ao café.
> Às três,
> Vai à modista.
> Às quatro,
> Assina o ponto e dá no pé!
> Que grande vigarista que ela é!

O tão falado e tristemente famoso Baile da Ilha Fiscal, tido como o canto do cisne da Monarquia brasileira, também não escapou da visão do sambista. E, neste caso, um sambista muito especial, Silas de Oliveira. O enredo em questão, apresentado no carnaval de 1953, se intitulava exatamente *Último baile da Corte Imperial*:

> O último baile do Brasil Imperial
> Foi realizado na antiga Ilha Fiscal,
> Os ilustres visitantes homenageados

Partiram para seu país distante
Com o êxito brilhante emocionados.

Sua majestade, o imperador
Ao lado da imperatriz
Diante de tanto esplendor
Sentia-se alegre e feliz
Jamais acreditaria que em breve o reinado terminaria
E mesmo a Corte não pensava assim,
Que a Monarquia chegava ao fim.

Os ventos do progresso e da afirmação nacionalista continuavam soprando pelo país afora. Este fervor estava latente nos sambas-enredo. A Mangueira, cuja ala de compositores era uma das mais competentes e férteis da cidade, sempre se esmerava no assunto, como é o caso, ainda em 1953, do samba-enredo "Unidade nacional", escrito por dois bambas: Cícero e Pelado:

Glória,
À unidade nacional!
Portentosa e altaneira
Genuína brasileira e primordial.
Vinte e um estados reunidos,
Todos no mesmo sentido
Dando a sua produção.

É o fator da nossa economia,
Dar uma prova cabal
Da nossa democracia.
A nossa política é altiva,
Irmanada e progressiva
Produtiva e social,
Pela grandeza da pátria coordenam
Todos com o mesmo ideal,

É um fator de eqüidade
Trabalhando com vontade
Para o progresso nacional.

Tudo isto é o meu Brasil,
Isto é o meu Brasil,
Isto é um orgulho
De um povo forte
Esbelto e varonil!

No capricho! Como se pode observar, mais que um samba-enredo, ele é uma peça ufanista que retrata, com precisão, a atmosfera daquele momento que o país vivia.

O trágico desfecho da crise política de 1954, que levou Getúlio Vargas ao suicídio, só ecoou no carnaval dois anos depois. E, mais uma vez, coube à Mangueira o registro. Padeirinho, um dos mais criativos compositores do carnaval carioca, sozinho fez letra e música deste que é, por muitos, considerado uma verdadeira obra-prima: "O grande presidente".

No ano de 1883
No dia 19 de abril,
Nascia Getúlio Dornelles Vargas,
Que mais tarde seria o governo do
Nosso Brasil.

Ele foi eleito deputado
Para defender as causas do nosso país,
E na Revolução de 30 ele aqui chegava
Como substituto de Washington Luiz.

E do ano de 1930 para cá
Foi ele o presidente mais popular
Sempre em contato com o povo
Construindo um Brasil novo

Trabalhando sem cessar,
Como prova em Volta Redonda, a Cidade
do Aço.
Existe a Siderúrgica Nacional,
Que tem o seu nome elevado no grande espaço,
Na sua evolução industrial.
Candeia a cidade petroleira, trabalha para o progresso do Brasil,
Ô, ô, ô, ô, ô
Salve o estadista, idealista e realizador,
Getúlio Vargas,
O grande presidente de valor!

Não podemos esquecer, no entanto, o samba de quadra que Silas de Oliveira e Marcelino Ramos apresentaram ao Império Serrano durante os ensaios para o carnaval de 1955. Os autores, valendo-se de várias citações da famosa carta testamentária de Vargas, construíram um samba em forma de depoimento, pungente e testemunhal: "A carta".

Mais uma vez,
As forças e os interesses contra o povo
Coordenaram-se novamente
E se desencadearam sobre mim.
Não me acusam,
Insultam-me de novo,
Vejo, de perto, aproximar meu fim.
Não me combatem, caluniam-me
E, com certeza, numa perseguição atroz
Não me dão direito de defesa,
Precisam calar a minha voz,
A ação é impedir, para que eu não continue
A defender o povo,
Como sempre defendi.

Compelido no meu profundo desgosto,
Sigo o destino que me é imposto,

Não querem que o povo seja independente,
Não querem a felicidade do trabalhador,
Mas esse povo de que fui escravo,
Jamais será de ninguém.
Aos que pensam que me derrotaram,
Eu respondo com a vitória.

Levo comigo um porém:
Saio da vida para entrar
Na História.

Não menos impactante foi o samba-enredo com que o Salgueiro desfilou em 1985, focalizando essa figura histórica. Houve quem afirmasse que o enredo era uma louvação a Vargas por obediência à "solicitação" de Leonel Brizola, na época governador do Rio de Janeiro. O samba tem como autores Bala, Jorge Melodia e Jorge Moreira: "Anos trinta, vento sul – Vargas".

Soprando forte do sul
Um ciclone feiticeiro
Venta pelos anos trinta,
E traz Vargas, o mago justiceiro.
Veio cumprir nobre missão
E mudar o destino da nossa nação.
No palácio...
No palácio das Águias foi o senhor
Levantando o povo trabalhador
Do solo fez jorrar o negro ouro
E a usina de aço, transformou em um tesouro

Ô, ô, ô, ô Getúlio Vargas
O guerreiro vencedor!

Apagou...

Apagou a chama da rebeldia
E afirmou a nossa soberania
Deu vida à justiça social
Criou leis trabalhistas
E a tranqüilidade nacional.
Com punho forte e decisão
Esmagou a trama da traição
Mandou nossos heróis além-mar
Para as forças do mal derrotar
Na fantasia, folclore do nosso povo
Festejava a vitória do Estado Novo
Pensando no progresso da nação
Fez a moeda subir de cotação
Sucumbiu após a sanha traiçoeira
E a carta derradeira
O povo fez sua bandeira.

Rufam os tambores do Salgueiro
Exaltando Vargas
O grande estadista brasileiro.

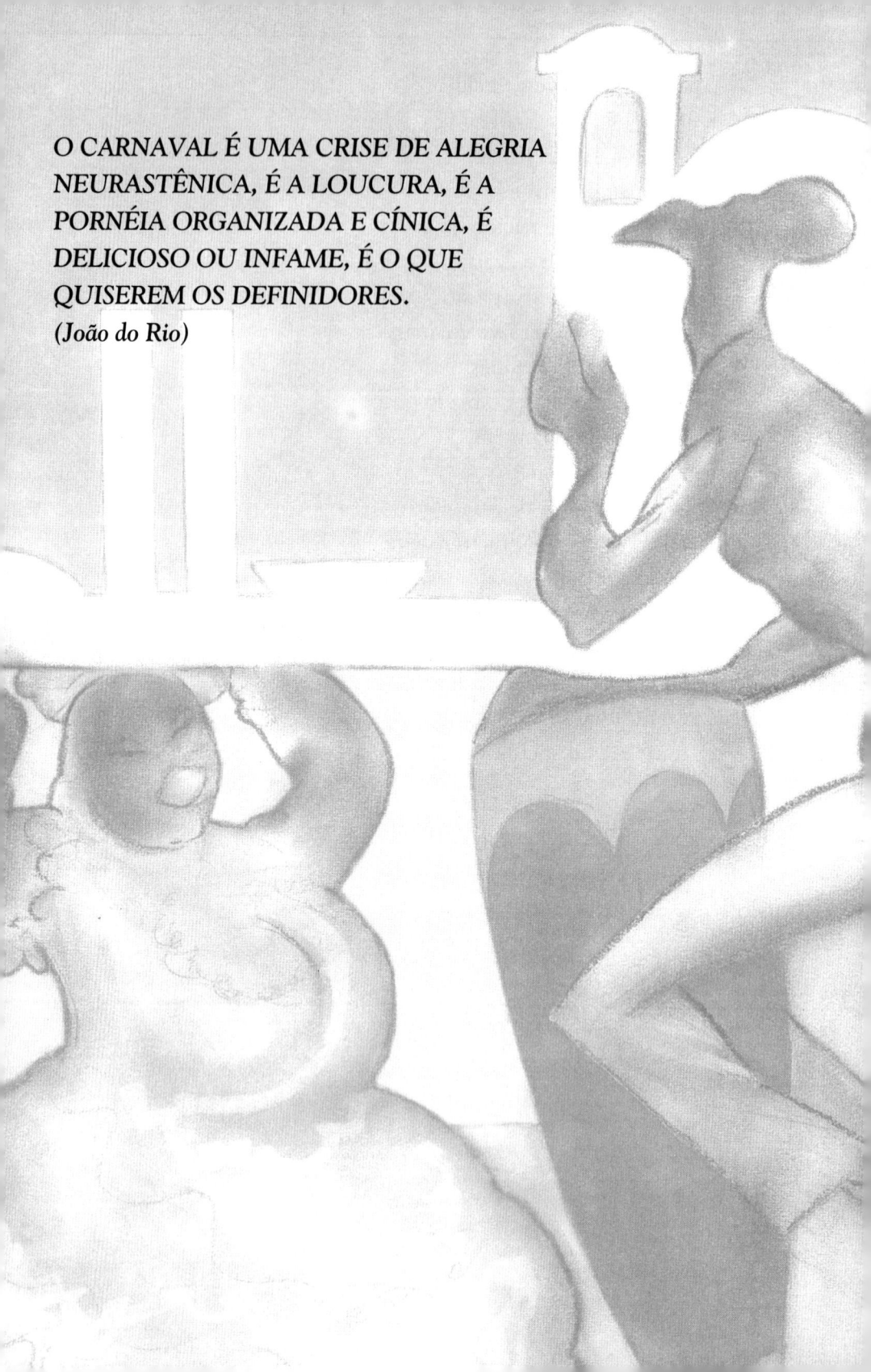

O CARNAVAL É UMA CRISE DE ALEGRIA NEURASTÊNICA, É A LOUCURA, É A PORNÉIA ORGANIZADA E CÍNICA, É DELICIOSO OU INFAME, É O QUE QUISEREM OS DEFINIDORES.
*(João do Rio)*

# Capítulo 24

## Nas águas do peixe vivo

Eleito presidente em 1955, Juscelino Kubistchek enfrentou algumas reações contrárias, algumas até em forma de insubordinação militar. Porém, Nonô, apelido de infância que o povo adotou, tinha uma envergadura democrática e, em conseqüência, tolerante. Sabia usar sua irresistível simpatia e seu apelo popular.

A construção de Brasília despertava paixão e ódio. A campanha contra era virulenta, implacável e no carnaval de 1957 surgiu uma marcha, que poderíamos chamar metafórica, de autoria do jornalista e compositor Ricardo Galeno, que se posicionava em defesa de JK. E o povo, nas ruas, cantava "Deixa o Nonô trabalhar!".

O morro tá falando por falar,
A escola vai sair
E as cabrochas vão sambar.
Chega, ainda é cedo pra julgar,
Deixa o Nonô trabalhar!

Nonô quando assumiu
A presidência da escola
Não encontrou sequer um tamborim,
Agora que a escola tomou jeito
Muita gente põe defeito
Diz que a escola tá ruim,
Pois sim...!
Chega, ainda é cedo pra julgar
Deixa o Nonô trabalhar!

Gravado por Carminha Mascarenhas em discos Copacabana

# Deixa o Nonô trabalhar
## SAMBA

Melodia { PISTON Si b / CLARINETE Si b / SAX TENOR Si b }

**Ricardo Galeno**

*[partitura musical]*

O morro tá falando por falar
A escola vai sair
E as cabrochas vão sambar
Chega, ainda é cedo p'rá julgar
Deixa o Nonô trabalhar

Nonô quando assumiu a presidencia
Da escola
Não encontrou siquer um tamborim
Agora que a escola tomou geito
Todo mundo põe defeito
Diz que a escola tá ruim
(Pois sim)
Chega, ainda é cedo p'rá julgar
Deixa o Nonô trabalhar.

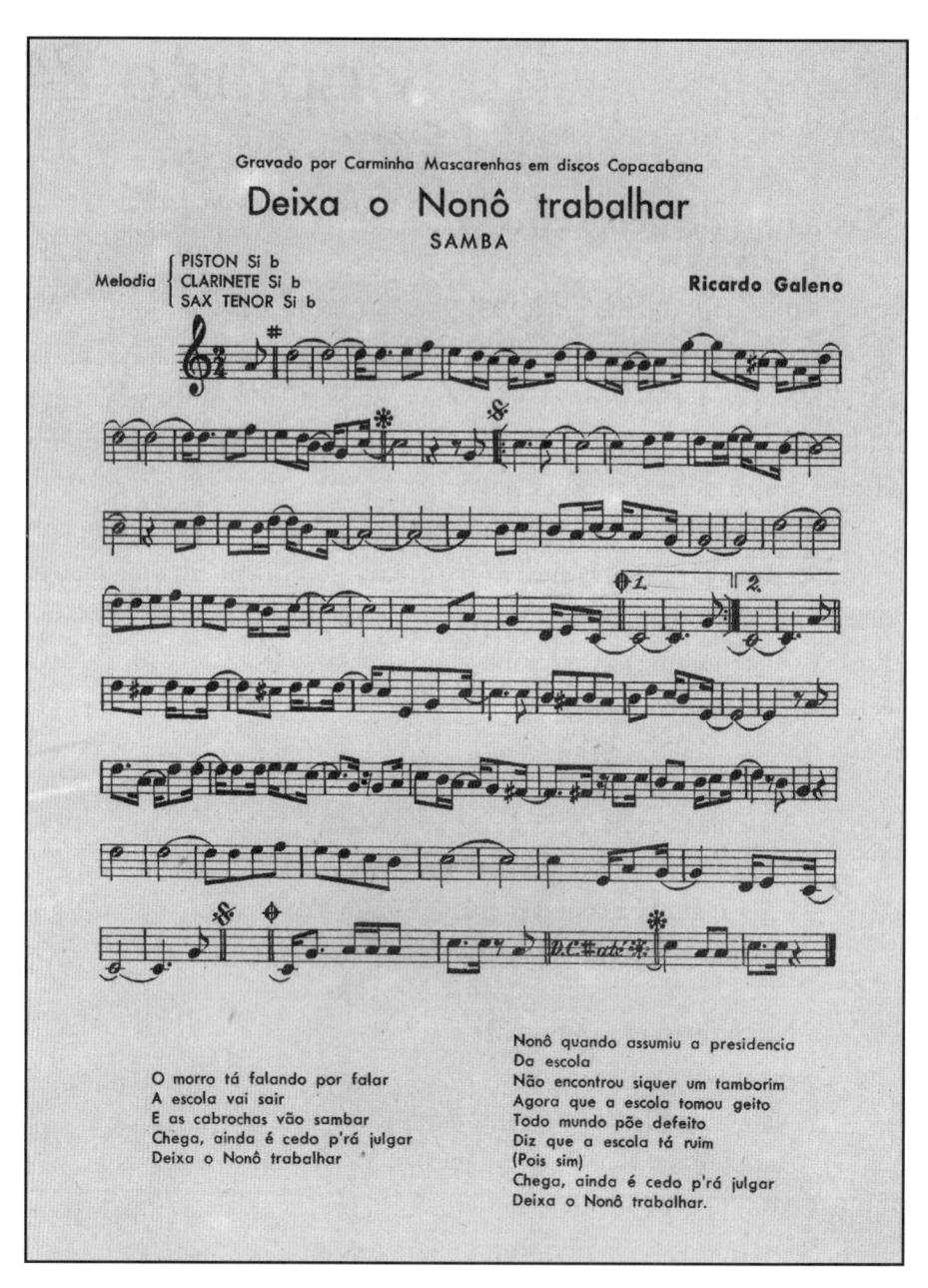

É bem provável que JK tenha inaugurado o ciclo dos presidentes voadores. Volta e meia, ele estava viajando de avião. Muitos chistes foram criados a partir desta irrefreável tendência do presidente para voar. Miguel Gustavo, grande criador de *jingles* de publicidade e inspirado compositor, baseado na canção folclórica mineira, que ficou sendo a marca do presidente, "Peixe vivo", fez, com Altamiro Carrilho (virtuoso da flauta), a marcha "Carnaval de JK":

> Como pode o Juscelino
> Viver longe de Brasília?
> JK está lá e cá
> JK está lá e cá.
>
> Juscelino bom menino
> Que nasceu para voar
> Passa, passa um avião
> Será ele ou não?

Em 1960, um fato verdadeiramente novo aconteceu no carnaval, introduzindo mudanças que marcaram uma virada de página na vida das escolas de samba e da própria história do Brasil.

A escola de samba Acadêmicos do Salgueiro trouxe para o desfile um enredo que contava um dos mais ricos e, até então, quase desconhecido episódio de nossa história: o Quilombo dos Palmares e a majestosa figura de Zumbi. Pela primeira vez se deixava de lado a história oficial, a dos vencedores, e se contava a marginal, dos perdedores. O impacto foi absoluto e o samba de Noel Rosa de Oliveira e Anescar Pereira da Silva foi exemplo de síntese e precisão.

> No tempo em que o Brasil ainda era
> Um simples país colonial,
> Pernambuco foi palco da história
> Que apresentamos deste carnaval.
> Com a invasão dos holandeses
> Os escravos fugiram da opressão
> E do jugo dos portugueses.
> Esses revoltosos,
> Ansiosos pela liberdade
> Nos arraiais dos Palmares

Buscavam tranqüilidade.
Ô, ô, ô, ô, ô

Surgiu nessa história um protetor
Zumbi, o divino imperador,
Resistiu com os seus guerreiros em sua Tróia
Muitos anos, ao furor dos opressores,
Ao qual os negros refugiados
Rendiam respeito e louvor.

Quarenta e oito anos depois
De luta e glória, terminou o conflito dos Palmares
E lá do alto da serra
Contemplando a sua terra
Viu em chamas a sua Tróia
E num lance impressionante,
Zumbi no seu orgulho se precipitou
Lá do alto da serra do Gigante.

Meu maracatu
É da coroa imperial.
É de Pernambuco,
Ele é da casa real.

# Capítulo 25

## Letra jota sobe de cotação

Em 31 de janeiro de 1961 foi empossado ao cargo de presidente da República um político tido como excêntrico e que tinha como símbolo a vassoura. Estamos falando de Jânio da Silva Quadros. O carnaval daquele ano teve duas marchas com os temas "Bloco do gari" e "Pega na vassoura". A primeira, de Antonio Almeida e Nilo Barbosa, usava um dos bordões de Jânio Quadros:

> Olha vassouras!
> Espanadores!
> Para limpar toda sujeira
> Que está aí.
> "No que me concerne"
> Eu vou entrar
> Para o bloco do gari!

A outra fazia uma brincadeira com as iniciais dos que foram candidatos: marechal Lott, Ademar de Barros, Jânio Quadros e, inclusive, Juscelino:

> Eu vou pegar a espada de M.L.
> E o salva-vidas do patrício A.B.
> Vou levar tudo no avião de JK.
> Só vou deixar a vassoura de J.Q.
> Pega a vassoura, meu povo
> É madrugada,
> Vamos limpar o Palácio
> da Alvorada.

Por coincidência, alguns presidentes e candidatos no final da década de 1950 e início de 1960, tinham a letra "J" como inicial dos seus nomes: Juscelino, Jango (João Goulart), Juraci, Jânio. Os compositores Armando Cavalcanti e Ivo Santos aproveitaram o mote e fizeram uma marchinha intitulada "A letra jota":

Meu filho vai ser jota
Custe o que custar
Ê, ê, ê, ê
Ê, ê, ê, ê
Já vi que a letra jota
É que não é de azar
Ê, ê, ê, ê
Ê, ê, ê, ê
Ê, ê
Letra jota é presidente
Deputado e senador
Quando jota passa rente
Ainda faz governador
Na Bahia de iaiá e ioiô.

Ainda nesse mesmo ano, o Império Serrano desfilava com um samba de Mano Décio e Aidno Sá, que cantava "Os movimentos revolucionários do Brasil":

Em 1720
Felipe dos Santos
Um movimento liderou
Não foi feliz
No seu intento
Mas o seu ideal continuou.

A Inconfidência Mineira
Outro movimento de libertação

Para acabar com a opressão
Vinda de uma nação estrangeira.
Joaquim José da Silva Xavier
O bravo Tiradentes
Foi condenado à morte

Por querer um Brasil livre e forte.
Domingos José Martins
Antonio Cruz, João Pessoa e outros mais
Pretenderam dar ao Brasil
O direito der sermos iguais.
Foi em Pernambuco
O palco dessa odisséia
Que os sonhadores
Escreveram essa epopéia.

José Bonifácio de Andrade e Silva,
O precursor da Independência,
Agindo com espírito de brasilidade
Enviou mensagem
À sua Majestade
D. Pedro decidiu nossa sorte
Quando bradou:
Independência ou Morte!

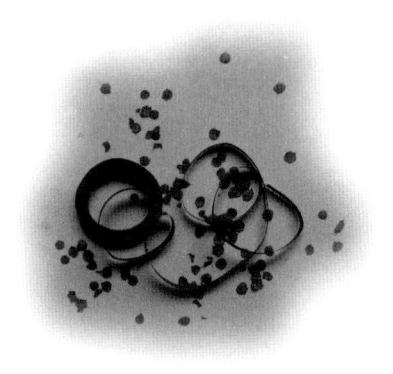

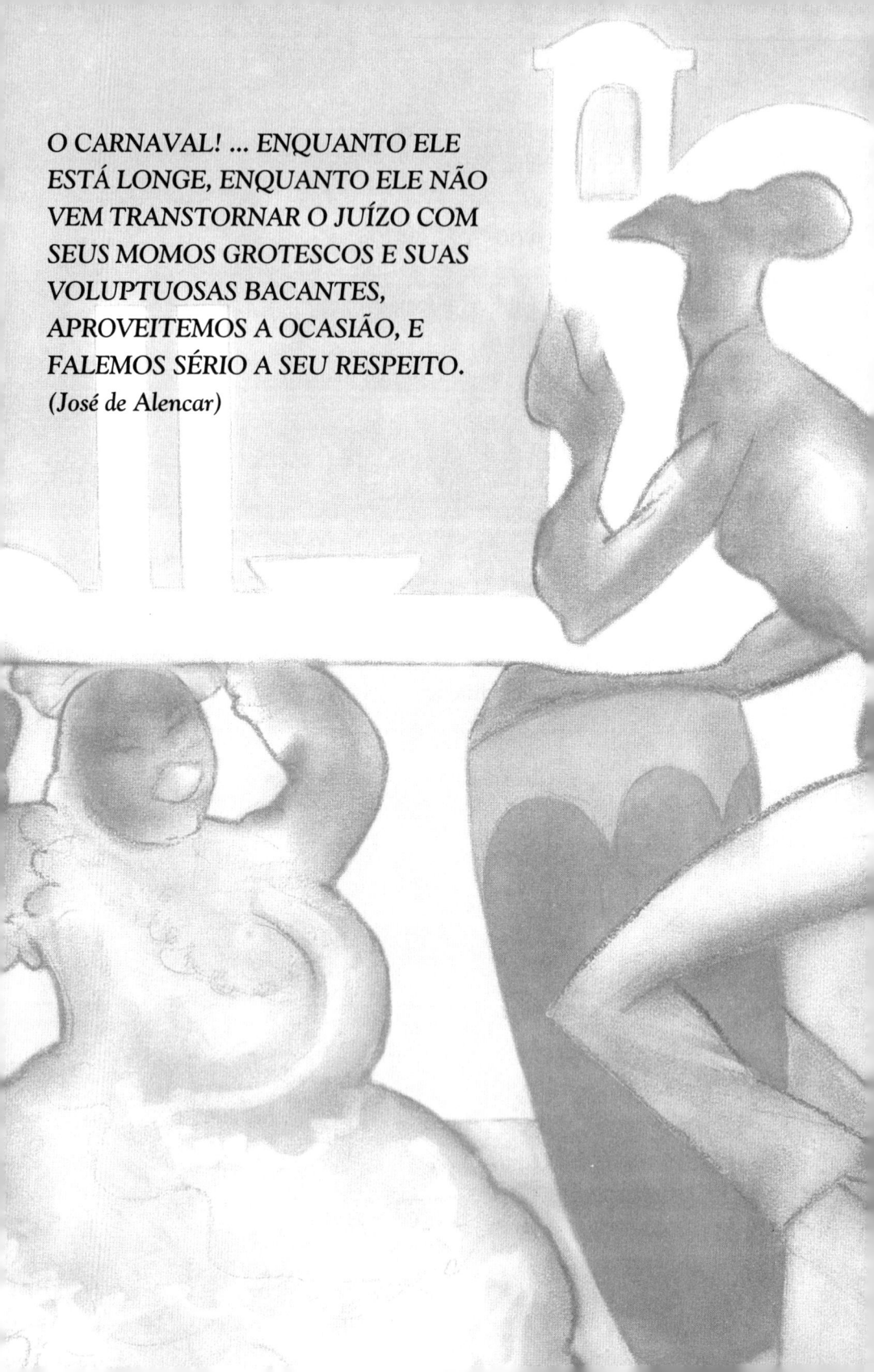

O CARNAVAL! ... ENQUANTO ELE ESTÁ LONGE, ENQUANTO ELE NÃO VEM TRANSTORNAR O JUÍZO COM SEUS MOMOS GROTESCOS E SUAS VOLUPTUOSAS BACANTES, APROVEITEMOS A OCASIÃO, E FALEMOS SÉRIO A SEU RESPEITO.
(José de Alencar)

# Capítulo 26

## Perseguindo a história

O inesperado aconteceu, mesmo navegando num mar de votos com os quais foi eleito, Jânio Quadros renunciou à presidência em agosto de 1961. Perplexo, o país parecia não acreditar no gesto que desencadearia uma crise institucional, que se arrastaria por duas décadas. No carnaval do ano seguinte foi cantado, ainda que timidamente, o samba de Nocera "Renunciei":

> Renunciei
> Não posso mais governar,
> Me afobei
> Agora vou me mandar.
>
> Eu era respeitado
> Eu era duro, era de morte,
> Mas, infelizmente,
> Um urubu pousou na minha sorte.

O conhecido compositor J. Maia lançou uma marcha sobre o tema, mas não fez muito sucesso, apesar da oportunidade do assunto e do talento do autor: "A minha renúncia".

> Não adianta gostar,
> Não adianta gritar,
> Quando a coisa fica preta
> O melhor é renunciar.
>
> Eu gostava tanto dela
> Ela gostava de mim,

A fofoca foi tão grande
Que eu nem cheguei ao fim...

## A Minha Renuncia
### MARCHA

Gravada em discos Copacabana por TUTUCA

Melodia: PISTON Si b / CLARINETE Si b / SAX TENOR Sib
CIFRAS para instrumentos em DÓ

J. Maia

Bis
- Não adianta gritar
- Não adianta gritar
- Quando a coisa ficar preta
- O melhor é renunciar.

Eu gostava tanto dela
Ela gostava de mim
A fofoca foi tão grande
Que eu nem cheguei ao fim.

Breque  (A minha renúncia).

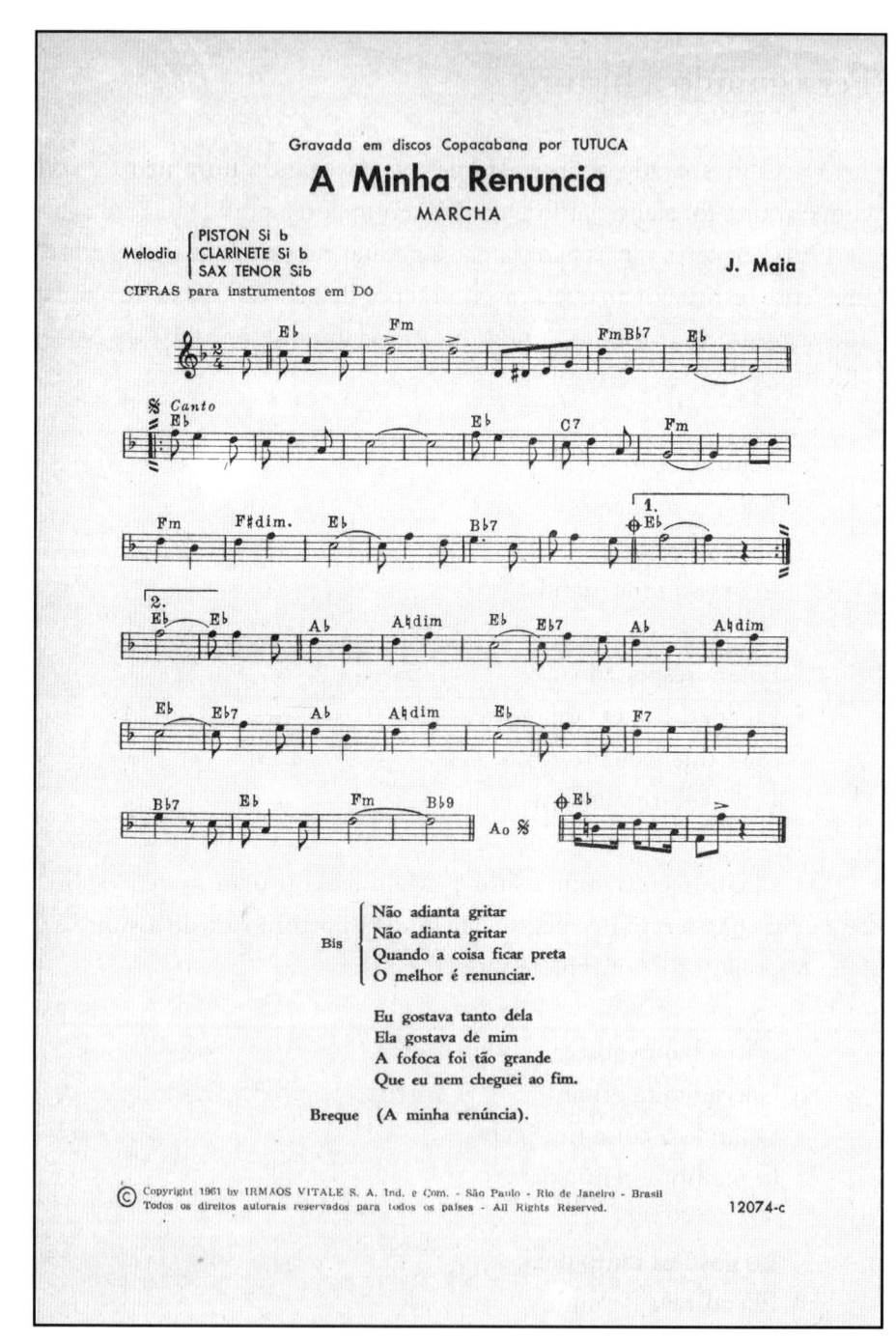

A vitória de Fidel Castro, em Cuba, teve também registro no carnaval carioca. Como o assunto e o termo paredão estavam na ordem do dia, a antiga dupla Klecius Caldas e Armando Cavalcanti não perdeu tempo e mandou "A marcha do paredão":

Em Cuba... Cuba... Cuba...
Andou na contramão
Vai descansar
Ao paredão,
Ao paredão,
Ao paredão
Essa não!!!

Aqui ninguém é dono de ninguém,
Barbado, só camarão!
Quem roubar um trem
Suicidar alguém,
Tem cem anos de perdão!
E um contratinho na televisão!

No governo de João Goulart, o Jango, o tema reforma agrária provocava discussões acirradas e paixões quase descontroladas. Liga dos Camponeses, sindicatos rurais, diatribes pela imprensa, enfim, o assunto estava presente na agenda brasileira. E por que o carnaval estaria fora? Dois experimentados e vitoriosos compositores, Antonio Almeida e Elpídio Viana, compuseram a marchinha "Reforma agrária" para o carnaval de 1963:

Mulata latifundiária
Para que tanta ambição?
Faz logo a reforma agrária,
Reparte o teu coração.

O teu coração, na verdade,
É terra de ninguém,

Me dá pra mim a metade,
Enquanto "seu" lobo não vem.

Quem cantou e pulou no carnaval de 1964, não tinha a menor idéia do que estava por vir. Respirava-se um ambiente democrático com todas as instituições e prerrogativas funcionando normalmente. Havia um prenúncio de campanha eleitoral se desenhando. Alguns nomes apareciam nos jornais como candidatos em potencial. Juscelino, que já tinha cartazes na rua com o *slogan* JK-65; o governador do então estado da Guanabara, Carlos Lacerda; e o conhecido radialista Alziro Zarur, que se notabilizou como presidente da Legião da Boa Vontade e doador da "sopa do Zarur", que era distribuída para necessitados em vários bairros do Rio.

João de Barro, sempre presente no carnaval e agora de parceria com Radamés Gnatalli, compareceu com a marcha de caráter sertanejo "Pau no burro":

"Vamo" embora minha gente
– Pau no burro...
vai "tê" festa no "arraiá"
– Pau no burro...
A bandinha vai na frente
Animando o "pessoá".

O Lacerda vai no bombo
Juscelino no ganzá,
O Zarur pedindo ao santo
Que é pra coisa "melhorá".

Aliás, a popularidade de Alziro Zarur, que tinha um bordão que se tornou famoso: "Jesus está chamando..." fez com que ele tivesse uma marcha exclusiva. Os autores foram Paquito, Romeu Gentil e Jorge Gonçalves: "Lá vem Zarur!".

Lá vem Zarur!
Lá vem Zarur!

Dando sopa
A quem tem fome
Dando roupa
A quem tá nu.

Hoje vai ter sobremesa,
Dizem que é goiabada,
É nessa boca que eu vou,
Já não suporto tanta marmelada.

## MARCHA DA LAGOSTA

Gravado por Isnard Simone em discos Copacabana

MARCHA

Melodia: PISTON Si b / CLARINETE Si b / SAX TENOR Si b
CIFRAS para instrumentos em DÓ

Jorge Washington

Bis ( Largue essa lagosta,
    ( Deixe a minha areia
    ( Se não vai dar coisa feia.

Faço uma proposta prá você,
Faço um acôrdo de irmão:
Traga uma francesa para mim
E leve tudo,
Leve até o camarão.

© Copyright 1963 by IRMAOS VITALE S.A. Ind. e Com. - São Paulo - Rio de Janeiro - Brasil
Todos os direitos autorais reservados para todos os países - All Rights Reserved.

12.317-c

Outro assunto que também não escapou da *verve* carnavalesca foi a famosa "Guerra da Lagosta" que, como a "Batalha de Itararé", não chegou a acontecer. Mas as relações entre Brasil e França ficaram muito tensas, em razão do que a nossa Marinha julgou ser um desrespeito de pescadores franceses às águas territoriais brasileiras, na pesca de lagostas e camarões. Navios de guerra foram para a região com a missão de expulsar ou apreender os pesqueiros. A França mandou os seus para proteger os deles, mas no fim tudo se ajeitou e rendeu a "Marcha da lagosta", de Jorge Washington:

> Largue essa lagosta,
> Deixe a minha areia
> Se não a coisa vai ficar feia.
>
> Faço uma proposta pra você,
> Faço um acordo de irmão:
> Traga uma francesa para mim
> E leve tudo,
> Leve até o camarão.

# Capítulo 27

## Censura tem senso?

Março de 1964, um mês depois do carnaval, uma paródia triste da marcha de Lamartine Babo diz:

Quem foi que descobriu o Brasil?
Foi "seu" Cabral,
Foi "seu" Cabral,
No dia 21 de abril,
Um mês depois do carnaval!

Voltou o manto pesado da censura com a virulência de sempre. Mesmo assim, devido aos inquéritos policiais e militares que nasciam a torto e a direito (mais a direta, é claro!) regando o nascimento da execrável espécie que é o informante (o dedo-duro), Haroldo Lobo não deixou de dar seu recado, o qual ficou na memória de todo o povo o refrão:

Todo dedo-duro
É cara de pau,
Todo dedo-duro,
No fim acaba mal.

O compositor Klecius Caldas, que era militar, reformou-se como general e não concordou com o Golpe de 1964. Excelente poeta que sempre foi, não poupou críticas aos seus colegas de farda e fez cáusticos sonetos dedicados a eles. Não foram musicados, logo, não foram cantados, mas estão no seu livro de memórias *Pelas esquinas do Rio*. Estamos certos de que é pertinente o conhecimento de alguns deles. Nesse primeiro, ele faz alusões a Magalhães Pinto, então governador de Minas Gerais, que foi chamado de "general civil" da dita Revolução; ao partido político formado no período com o nome de Arena; e ao logro em que Juscelino caiu, votando no marechal Umberto de Alencar Castelo Branco para presidente, e sendo logo depois cassado.

Com muito mais pescoço que talento,
Parecendo um calunga de chaveiro,
Pois cadeado no Brasil inteiro
E imprensa a própria imprensa e o Parlamento

Não sendo condutor nem motorneiro
Quando viu um reboque em movimento
Pulou de assalto no primeiro assento
De um bonde já comprado por mineiro.

Sem respeitar o código da caça,
Atira até em pomba que esvoaça
Mas para as feras construiu Arena...

Pra ser eleito sem escaramuça,
Brincou de gato e rato com "seu" Jusça
Que após o voto recebeu a pena!

Outro que foi brindado com a veia poética, porém, irônica e sarcástica de Klecius, foi o segundo general de plantão Arthur da Costa e Silva.

Adeus Castelo para nunca mais!
Agora Costa e Silva veste a faixa,
Um promovido, outro que dá baixa...
Uma troca de ilustres marechais.

Mas mesmo assim, o povo simples acha
Que pode confiar (mas não demais!)
Nesse velho gaúcho de bombachas

Que ri das anedotas pessoais.

Chega daqueles caras dos maus bofes
Dos Campos, dos Bulhões e dos Borgoffs,
Subversivos de todas as misérias.

Que o novo marechal acerte o passo,
Salvando para sempre do fracasso
Uma revolução que esteve em férias.

A assim chamada Revolução (com todo seu cortejo sinistro de censura, tortura, exílio e mortes) não fez bem às escolas de samba, no sentido do testemunho, críticas ou mesmo adesão. Curiosamente, foi um período de alargamento do interesse do povo pelos desfiles e sambas-enredo, e até da aceitação e entrada da classe média ou da zona sul da cidade do Rio de Janeiro, se preferir, nos ensaios e nos desfiles.

Acreditamos que com a ausência dos partidos e do debate político, a torcida pelas escolas preencheu o "vazio cívico". Elas passaram a galvanizar a paixão represada. Já que se fez a cassação do PTB, PSD, UDN, POT, PTN, PCB, passou-se a caçar emoção nas quadras do Salgueiro, Portela, Mangueira, Império Serrano, Mocidade Independente de Padre Miguel, Unidos de Lucas, Estácio de Sá e outras, inclusive do então denominado 2º grupo.

As grandes sociedades estavam definhando. Assim como os ranchos, só restavam mesmo os blocos de embalo: Cacique de Ramos, Bafo da Onça, Boêmios de Irajá, Bafo de Bode e as escolas de samba.

Para o carnaval de 1967, o Salgueiro, instigado por Fernando Pamplona, que deu a sugestão e escreveu o enredo com Arlindo Rodrigues, resolveu apresentar *História da liberdade no Brasil*, com base no livro homônimo de Viriato Correia. A palavra "liberdade" não era mencionada com freqüência naqueles tempos. Nos ouvidos oficiais soou como ousadia flagrante um enredo com esse título e, se não houve veto formal, várias ações foram empreendidas na quadra do Clube Maxwell, onde a escola ensaiava. Luz cortada, presença de elementos estranhos e intimidação passaram a ser comuns. Nada disso, porém, arrefeceu o ânimo dos salgueirenses, que saíram cantando o belo e exemplar samba de Aurinho Campagnac de Souza, mais conhecido como Aurinho da Ilha:

Quem, por acaso, folhear a história do Brasil,
Verá um povo cheio de esperança,
Desde criança,
Lutando para ser livre e varonil.
O nobre Amadeu Ribeiro,
O homem que não quis ser rei,
O Manoel, o Bequimão, que, no Maranhão,
Fez tudo aquilo que ele fez,
Nos Palmares,
Zumbi, o grande herói,
Chefia o povo a lutar,
Só para um dia alcançar
Liberdade.
Quem não se lembra
Do combate aos Emboabas
E da chacina dos Mascates, do amor que identifica
O herói de Vila Rica.
Na Bahia são os Alfaiates,
Escrevem com destemor,
Sangue, suor e dor,
A mensagem que encerra o destino
De um bom menino.
Tiradentes, Tiradentes,
O herói inconfidente, inconfidente,
Domingos José Martins
Abraçaram o mesmo ideal.
E veio o Fico triunfal
Contrariando toda força em Portugal.
Era a liberdade que surgia,
Engatinhando a cada dia
Até que o nosso imperador,
A Independência proclamou.

Ô, ô oba
Lá-rá-iá-iá
Ô, ô oba
Lá-rá-iá-iá

Frei Caneca, mais um bravo que partiu
Em seguida veio o 7 de abril
No dia 13 de maio
Negro deixou de ter senhor,
Graças a princesa Isabel
Que aboliu com a Lei Áurea,
O cativeiro tão cruel.

Liberdade, liberdade afinal
Deodoro acenou
Está chegando a hora
E assim quando a aurora raiou
Proclamando a República
O povo aclamou!

Outro momento em que, graças às escolas de samba, o ambiente se oxigenou um pouco foi quando, no desfile de 1969, o Império Serrano, também desafiando o autoritarismo vigente, saiu com um dos sambas que se tornou referência para todas as agremiações. Tanto é assim que, a exemplo de Nova Orleans, que sepulta seus músicos com o famoso *When the saints goes marchin in*, os sambistas cariocas recebem através dele a última homenagem. Trata-se de "Heróis da liberdade", obra definitiva de Silas de Oliveira, Mano Décio e Manoel Ferreira:

Ô, ô, ô
Liberdade, Senhor!
Passava noite, vinha dia,
O sangue do negro corria,
Dia a dia.

De lamento em lamento,
De agonia em agonia,
Ele pedia,
O fim da tirania.

Lá em Vila Rica,
Junto ao largo da Bica,
Local de opressão,
A fiel maçonaria,
Com sabedoria
Deu a sua decisão
Lá-rá-rá

Com flores e alegria veio a Abolição
A independência laureando o seu brasão.
Ao longe, soldados e tambores,
Alunos e professores,
Acompanhados de clarim
Cantavam assim:

Já raiou a liberdade,
A liberdade já raiou.
Essa brisa que a juventude afaga,
Esta chama que o ódio não apaga,
Pelo universo é a evolução
Em sua legítima razão.

Samba, ô samba,
Tem a sua primazia
De gozar a felicidade.
Samba, meu samba,
Presta esta homenagem
Aos heróis da liberdade!

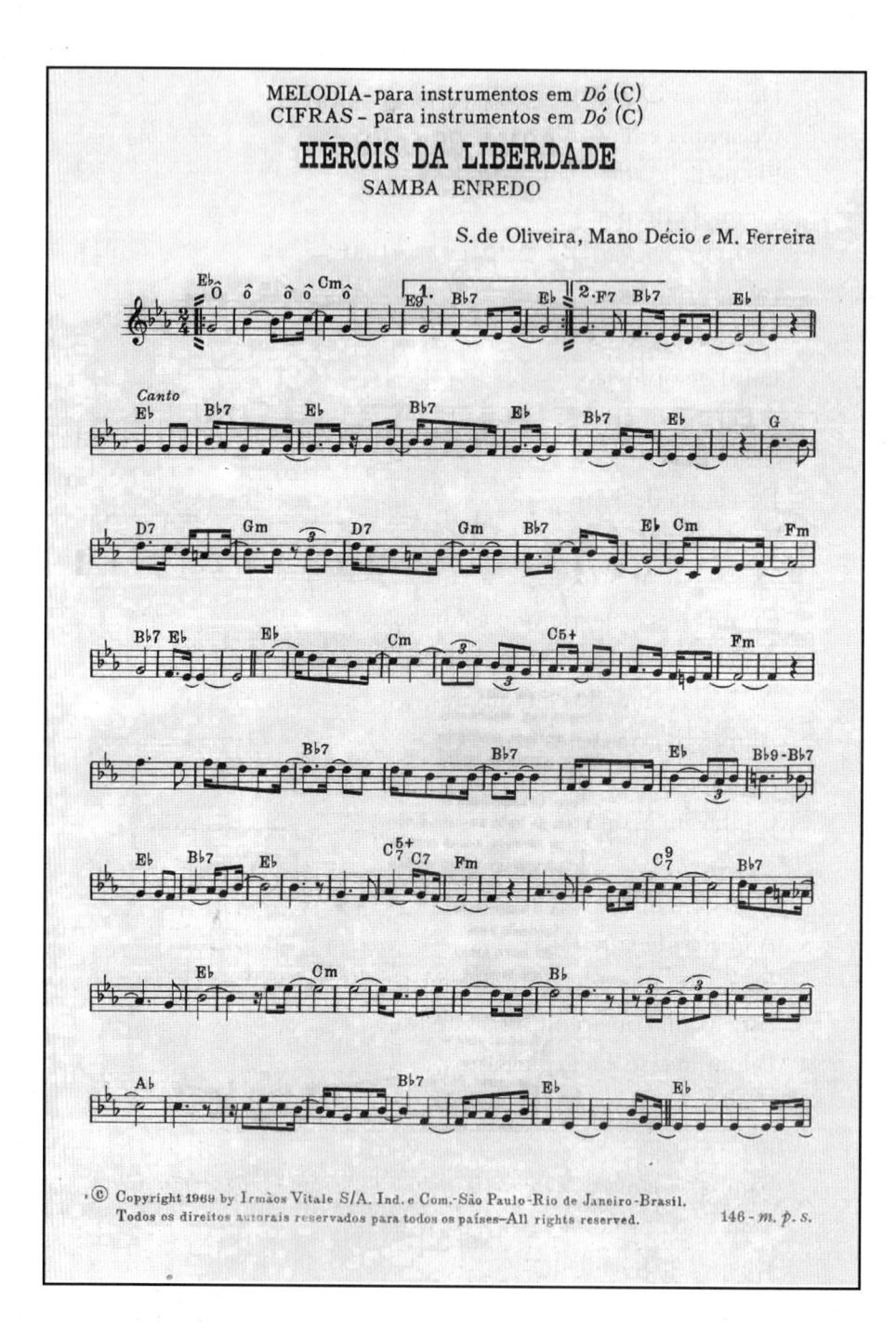

Não obstante a adversidade da época, a liberdade, no seu sentido mais vasto, continuava a ser cantada pelas escolas de samba, mesmo correndo alguns riscos. Um belo exemplo é a Vila Isabel, que desfilou no carnaval de 1972 com o inesquecível samba de Martinho da Vila, "Onde o Brasil aprendeu a liberdade":

> Aprendeu-se a liberdade,
> Combatendo em Guararapes,
> Entre flechas e tacapes,
> Facas, fuzis e canhões.
> Brasileiros irmanados
> Sem senhores, sem senzala
> E a Senhora dos Prazeres
> Transformando pedra em bala,
> Bom Nassau já foi embora
> Fez-se a revolução
> E a festa da Pitomba
> É a reconstituição.
>
> Jangadas ao mar
> Pra buscar lagosta
> Pra levar pra festa
> Em Jaboatão.
> Vamos preparar
> Lindos mamulengos,
> Pra comemorar a libertação.
>
> E lá vem maracatu, bumba-meu-boi,
> Vaquejada,
> Cantorias e fandangos,
> Maculelê, marujada,
> Cirandeiro, cirandeiro,
> Vem cantar esta ciranda
> Pois a roda está formada.
>
> Cirandeiro, cirandeiro, ó
> A pedra do seu anel
> Brilha mais do que o sol.

No samba de Martinho da Vila está concisa uma parte importante da nossa história, e cantada naquele momento crescia em significado e importância.

No ano anterior, 1971, em São Paulo, a escola de samba Vai, Vai desfilou com um samba de Zé Di, que se tornou um clássico: "Independência ou morte!".

> Valeu o sacrifício dos Andradas
> E as preces da princesa Leopoldina
> A morte de Tiradentes não foi em vão
> São hoje símbolos da nossa nação.
>
> A maçonaria muito contribuiu
> Na surdina lutou e conseguiu
> De príncipe regente se fez imperador,
> Num gesto de coragem e de amor
> "Independência ou morte" dom Pedro bradou
> E o sonho dos brasileiros se concretizou.
>
> Oh! Meu Brasil segue avante,
> Olha, o futuro lhe espera
> Ninguém segura este gigante
> Raiou o sol da primavera.

Não houve adesismo. Como já assinalamos, naquele período apenas duas escolas fizeram enredos com alguma alusão governista. Em 1974, a Beija-Flor de Nilópolis ainda era uma escola sem grande expressão no contexto geral do desfile e apresentou, no carnaval daquele ano, o enredo *Brasil ano dois mil*, francamente ufanista e laudatório à Revolução, que teve o samba assinado por Walter de Oliveira e João Rosa:

> É estrada cortando
> A mata em pleno sertão
> É petróleo jorrando
> Com afluência do chão.

Sim, chegou a hora
Da passarela conhecer
A idéia do artista
Imaginando o que vai acontecer.
No Brasil no ano dois mil
Quem viver verá
Nossa terra diferente
A ordem e o progresso
Empurra o Brasil pra frente
Com a miscigenação de
Várias raças
Somos um país promissor
O homem e a máquina
Alcançarão
Obras de emérito valor.

É estrada

Na arte na ciência e cultura
Nossa terra será forte sem igual
Turismo e folclore altaneiro
Na comunicação alcançaremos
O marco da potência mundial.

No ano seguinte, o carnaval teve outra dose, essa mais explícita, de reverência à atuação da assim chamada Redentora no campo social. E, para isso, foi escolhido um enredo que cantava os dez anos da Revolução e a criação do PIS, PASEP, FUNRURAL, MOBRAL e outras siglas que constavam da propaganda oficial.

"O grande decênio", samba de Bira Quininho:

É de novo carnaval
Para o samba este é o maior prêmio,
E o Beija-Flor vem exaltar

Com galhardia
O grande decênio
Do nosso Brasil que segue avante
Pelo céu, maré e terra,
Nas asas do progresso constante
Onde tanta riqueza se encerra
Lembrando PIS e PASEP
E também o FUNRURAL,
Que ampara o homem do campo
Com segurança total.

O comércio e a indústria
Fortalecem nosso capital
Que no setor da economia
Alcançou projeção mundial.

Lembraremos também
O MOBRAL, sua função
Que para tantos brasileiros
Abriu as portas da educação.

Destoando dessa louvação que, diga-se de passagem, não foi uma constante, a Em Cima da Hora desfilou, em 1976, com um enredo e um samba, que eletrizaram o público presente na avenida Presidente Vargas, onde o desfile era realizado. Baseado no livro homônimo de Euclides da Cunha, o enredo jogava uma luz especial sobre o sertanejo brasileiro e sua luta, particularmente na Guerra de Canudos, que teve à frente a messiânica figura de Antônio Conselheiro.

Esse episódio, tão importante quanto escamoteado de nossa história, ganhou força e veemência na boca do povo do subúrbio de Cavalcanti, através de um samba que tomou conta do Brasil, e foi ungido como um dos mais belos de todos os tempos: "Os sertões", de Edeor de Paula.

Marcado pela própria natureza,
O nordeste do meu Brasil.
Oh! Solitário sertão
De sofrimento e solidão,
A terra é seca
Mal se pode cultivar
A vida é triste nesse lugar.

Sertanejo é forte
Supera miséria sem fim,
Sertanejo é homem forte
Dizia o poeta assim.

Foi no século passado
No interior da Bahia,
Um homem revoltado com a sorte
Do mundo em que vivia,
Espalhando a rebeldia
Se revoltando contra a lei
Que a sociedade oferecia.
Os jagunços lutaram
Até o final,
Defendendo Canudos
Naquela guerra fatal.

Para o carnaval de 1977, se falou à boca pequena que a Mangueira teria recebido um "incentivo" do Ministério da Aeronáutica para fazer um enredo sobre a aviação brasileira como fator de integração nacional. O título do samba-enredo foi "Os modernos bandeirantes" e os autores do samba foram Darcy da Mangueira, Hélio Turco e Jurandir:

Boa noite, meu Brasil!
Saudações aos visitantes.

Trago neste enredo

Fatos bem marcantes
Os modernos bandeirantes

Do Oiapoque ao Chuí
Até o sertão distante
O progresso se alastrando
Neste país gigante
No céu azul de anil,
Orgulho do Brasil.
Nossos pássaros de aço
Deixam o povo feliz.

Ninguém segura mais este país

Busquei na minha imaginação
A mais sublime inspiração
Para exaltar
Aqueles que deram asas ao Brasil
Para no espaço ingressar ligando corações
O Correio Aéreo Nacional
Atravessando fronteiras
Cruzando todo o continente.

E caminhando vai o meu Brasil
Para frente,
Santos Dumont
Hoje o mundo reconhece
Que você também merece
A glorificação.

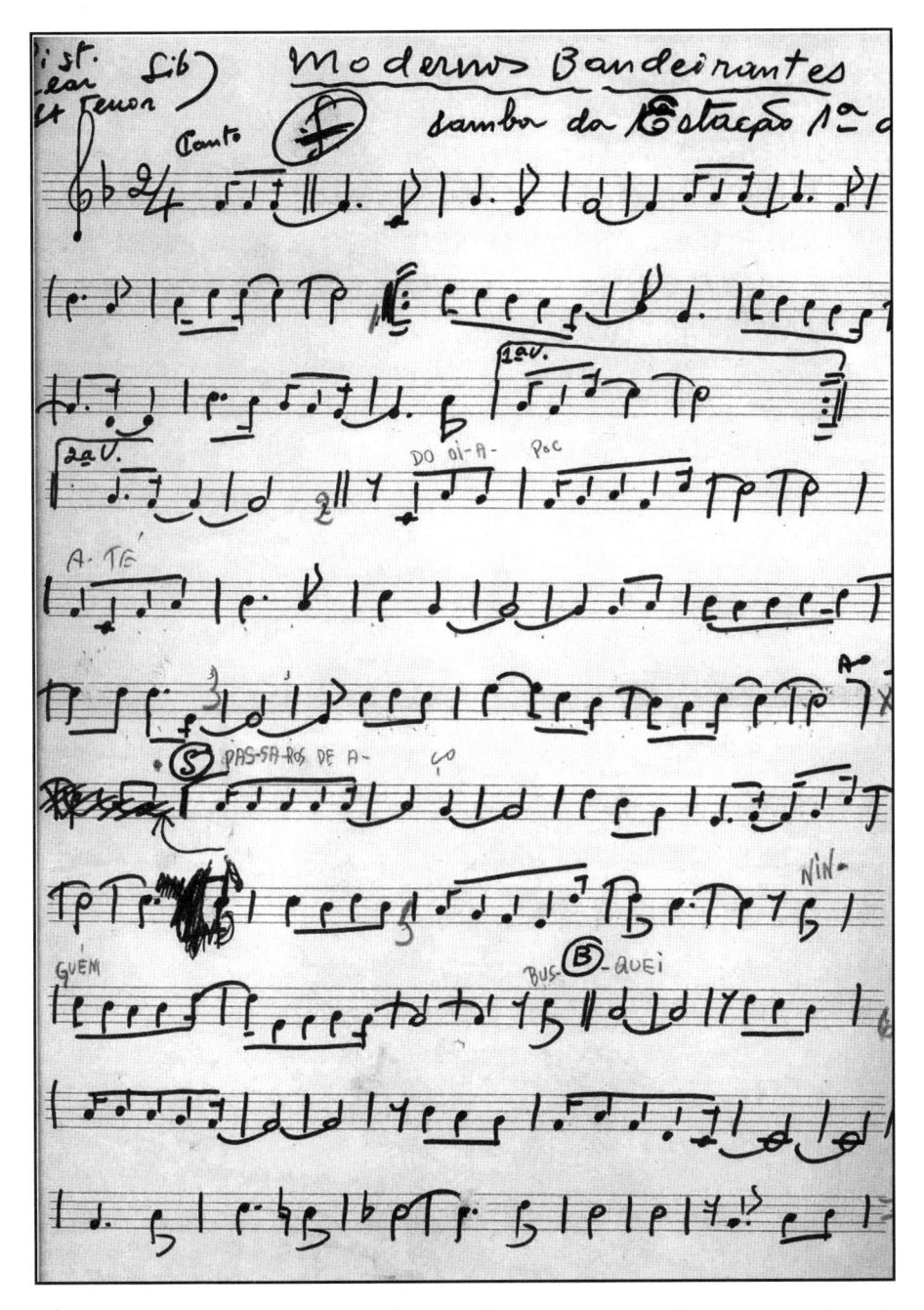

Dá para notar algumas citações subliminares de *slogans* usados oficialmente, mas o que o pessoal não perdoou mesmo, inclusive muitos mangueirenses, foi a ala das baianas com aviãozinho na cabeça. Não precisava exagerar! A escola ficou em quarto lugar.

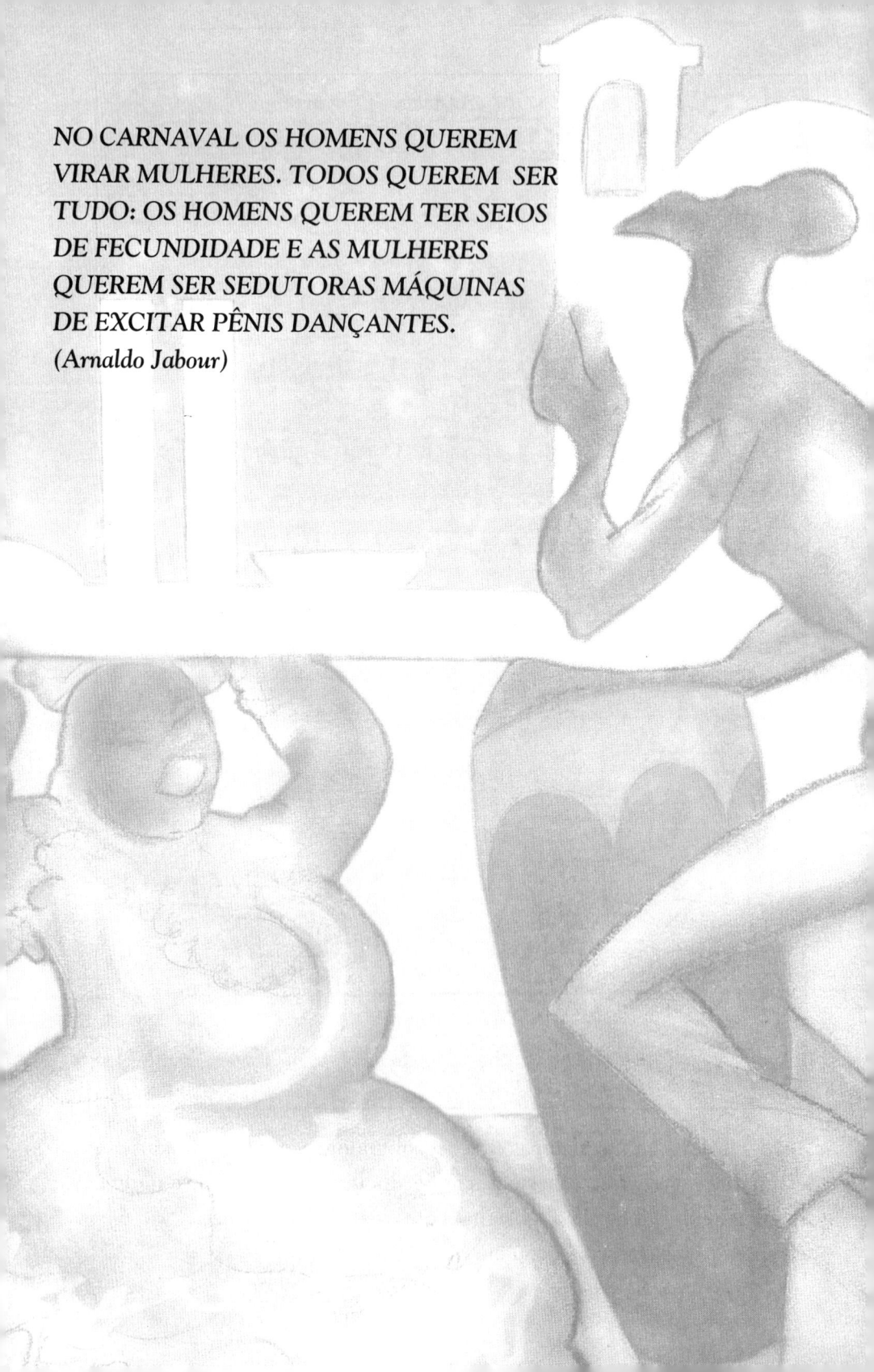

NO CARNAVAL OS HOMENS QUEREM VIRAR MULHERES. TODOS QUEREM SER TUDO: OS HOMENS QUEREM TER SEIOS DE FECUNDIDADE E AS MULHERES QUEREM SER SEDUTORAS MÁQUINAS DE EXCITAR PÊNIS DANÇANTES.
*(Arnaldo Jabour)*

# Capítulo 28

## Voltando ao passo da democracia

Anos depois, em 1981, a Mangueira redimiu-se inteiramente com o samba-enredo "De Nonô a JK", reconstruindo a vida e os feitos de Juscelino, tentativa que outras agremiações tinham tentado, mas esbarrado na foice da censura. O samba, de autoria de Jurandir, Comprido e Arroz, traça um panorama fiel da vida do ex-presidente.

> Em verde e rosa
> A Mangueira vem mostrar
> O fascinante tema
> "De Nonô a JK"
> Juscelino Kubistchek de Oliveira,
> De uma lendária cidade mineira,
> O grande presidente popular
> Surgiu Nonô em Diamantina
> E uma chama divina
> Iluminou sua formação.
>
> Subindo os degraus da glória
> Imortalizou-se na história,
> Como chefe da nação, ô, ô
> Em sua marcha progressista,
> O notável estadista
> O planalto desbravou.
> Brasília, o sonho dourado
> Que ele tanto acalentou
> Juscelino descansa na fazenda,
> E os acordes de um violão
> Levam ao povo a saudade,

Lembrado neste refrão:

Como pode um peixe vivo,
Viver fora d'água fria?
Como poderei viver,
Sem a tua, sem a tua
Sem a tua companhia?

Alguns enredos deste período procuravam aludir ao momento em que vivíamos politicamente, demonstrando que o sambista não estava desatento. Apresentando um painel dos vinte anos de ditadura e reivindicando em nome do povo, o Império Serrano saiu com o samba de Aloísio Machado, Luis Carlos do Cavaco e Jorge Nóbrega, "Eu Quero!":

Eu quero, a bem da verdade
A felicidade em sua extensão
Encontrar o gênio em sua fonte
E atravessar a ponte
Dessa doce ilusão.

Quero, quero, quero sim

Quero que meu amanhã
Seja um hoje bem melhor
Uma juventude sã
Com ar puro ao redor.

Quero nosso povo bem nutrido
O país desenvolvido
Quero paz e moradia
Chega de ganhar tão pouco
Chega de sufoco e de covardia.

Me dá, me dá,
Me dá o que é meu,
Foram vinte anos que alguém comeu!

> Quero me informar bem informado
> E meu filho bem letrado
> Ser um grande bacharel,
> Se, por acaso, alguma dor
> Que o doutor seja doutor
> E não passe por bedel.
> Cessou a tempestade, é tempo de bonança
> Dona liberdade, chegou junto com a esperança.
>
> Vem, meu bem, vem, meu bem
> Sentir o meu astral
> Hoje estou cheio de desejo
> Quero te cobrir de beijos,
> *Et cetera* e tal.

Um dos grandes tabus na história dos movimentos populares no Brasil é o episódio que ficou conhecido como a Revolta da Chibata, ocorrido em 1910, insurreição de marinheiros contra os castigos corporais, especialmente chibatadas, que a Marinha de Guerra infligia e que teve em João Cândido um líder destemido. A escola de samba União da Ilha do Governador preparou para o desfile de 1985 o enredo *Um herói, uma canção, um enredo*, estruturado por Luiz Orlando e com alegorias criadas por Leopoldo Teixeira Leite. De uma só vez era homenagem ao bravo marinheiro e ao samba de João Bosco e Aldir Blanc "Mestre-sala dos mares", que driblou a censura em 1972; e a Elis Regina, que o gravou numa interpretação inesquecível.

Quando o enredo foi anunciado, a direção da escola foi convidada pelo Estado Maior do Primeiro Distrito Naval, no Rio, para explicar como seria desenvolvido e solicitou que não houvesse carros com oficiais fardados açoitando marinheiros. A sugestão foi aceita.

O samba-enredo é de autoria de Didi, Aurinho da Ilha e Aritana, e foi cantado no desfile por Elza Soares e Quincas:

> Lá na minha aldeia
> Já não canta a chibata
> Sangrando a Guanabara.

Um dia
Um novo Dragão Verdes Mares
Bailando nos mares e lares
Um lenço era o seu espadim.

Unindo à negrura
Sacrifício e destemor
Se o sangue assina a tortura
O sangue se apaga com amor.

E viu o cais sorrir
O mulherio vibrando de alegria
E viu também um batalhão
Cheio de feitiço e de magia.

A mentira veio no fantasma da anistia
O mar nunca afogou
As ondas que agitam a liberdade
O vento que passou
Só ventou saudade.

Iemanjá sentiu no ar
O cheiro do meu Brasil
Tempera o meu vatapá.

O samba hoje impera
Frevo e bumba-meu-boi
O que vem da terra
Não encerra quem se foi

Taí, Elis, taí
Olha o feiticeiro negro
Na Sapucaí.

# Capítulo 29

## Negro também é cultura

O primeiro centenário da abolição da escravatura, comemorado em 1988, fez com que várias escolas, de todos os grupos, abordassem o tema. Os vários aspectos que envolveram a violência da escravidão e a luta política empreendida para a sua extinção foram abordados por muitas escolas ao longo da história dos desfiles. Mas como seriam focalizados os cem anos? Com euforia ou com visão crítica? Duas escolas, cada uma à sua maneira, deram a resposta. Com samba de Luis Carlos da Vila, Rodolfo e Jonas, a Vila Isabel, que, por sinal, foi a campeã daquele ano, disse o seguinte em "Kizomba, festa da raça":

Vila Isabel, 1988

Valeu, Zumbi!
O grito forte dos Palmares,
Que correu terras, céus e mares
Influenciando a abolição.

Zumbi, valeu!
Hoje a Vila é Kizomba,
É batuque, canto e dança,
Jongo e maracatu,
Vem menininha pra dançar
O caxambu.

Ô, ô, ô, ô nega mina!
Anastácia não se deixou
Escravisar.
Ô, ô, ô, Clementina!
O pagode é o partido popular.

O sacerdote ergue a taça,
Convocando toda a massa,
Neste evento que congraça
Gente de todas as raças,
Numa mesma emoção.
Esta Kizomba é nossa
Constituição.

Que magia
Reza, ajeum e orixás,
Tem a força da cultura
Tem a arte a bravura
E o bom jogo de cintura
Faz valer seus ideais,
E a beleza pura dos seus ideais.

Vem a lua de Luanda
Para iluminar a rua,
Nossa sede é nossa sede,
De que o *apartheid* se destrua.
Valeu, Zumbi!

Por sua vez, a Mangueira no samba de Hélio Turco, Jurandir e Alvinho perguntou na voz contundente de Jamelão: "100 anos de liberdade – Realidade ou ilusão?".

Será?...
Que já raiou a liberdade?
Ou se foi tudo ilusão?
Será?...
Que a Lei Áurea tão sonhada
Há tanto tempo assinada
Não foi o fim da escravidão?
Hoje dentro da realidade,
Onde está a liberdade?
Onde está que ninguém viu.
Moço,
Não se esqueça que o negro
Também construiu,
As grandezas do nosso Brasil.

Pergunte ao criador,
Quem pintou esta aquarela?
Livre do açoite da senzala,
Preso na miséria da favela.

Sonhei...
Que Zumbi dos Palmares voltou,
A tristeza do negro acabou,
Foi uma nova redenção.

Senhor...
Eis a luta do bem contra o mal,
Que tanto sangue derramou
Contra o preconceito racial.

O negro samba,

Negro joga capoeira,

Ele é o rei

Na verde e rosa

da Mangueira.

## SUBLIME PERGAMINHO
SAMBA-ENREDO

Z. Melodia, N. Russo e C. Madrugada

Os dois sambas citados supra demonstram claramente como a visão do sambista é cada vez menos bitolada pelos ditames oficiais. Muita gente esperava a louvação irrestrita ao 13 de maio, porém, o assunto foi discutido com propriedade e, sobretudo, com autoridade, sem sectarismo, nem tampouco radicalismo juvenil. A autoridade que a criação popular tem.

É oportuno relembrar que, em 1968, quando se comemorou os 80 anos da Lei Áurea, a escola de samba Unidos de Lucas teve uma composição de Nilton Russo, Zeca Melodia e Carlinhos Madruga, a partir dali sempre incluída na relação dos chamados "sambas antológicos". Foi outra visão, que não compreendia a análise à distância e sim o regozijo pelo acontecimento. O título do samba é: "História do negro no Brasil" ou "Sublime pergaminho".

> Quando o navio negreiro
> Transportava os negros africanos
> Para o rincão brasileiro
> Iludidos com quinquilharias,
> Os negros não sabiam
> Ser apenas sedução,
> Pra serem armazenados
> E vendidos como escravos
> Na mais cruel traição.
>
> Formavam irmandades
> Em grande união
> Daí nasceram festejos
> Que alimentavam desejo de libertação.
> Era grande o suplício
> Pagavam com sacrifício a insubordinação.
>
> E, de repente,
> Uma lei surgiu (uma lei surgiu)
> E os filhos dos escravos
> Não seriam mais escravos no Brasil.

Mais tarde raiou a liberdade
Pra aqueles que completassem
Sessenta anos de idade.
Oh! Sublime pergaminho!
Libertação geral.
A princesa chorou ao receber
A rosa de ouro papal
Uma chuva de flores cobriu o salão
E o negro jornalista
De joelhos beijou a sua mão.

Uma vez na varanda do Paço ecoou
"Meu Deus, meu Deus,
está extinta a escravidão."

O negro jornalista citado era José do Patrocínio, uma das grandes figuras na luta contra o regime escravocrata e por quem a princesa Isabel tinha grande e explícita admiração, da qual não deixou dúvida quando, num baile no palácio, convidou-o a dançar.

# Capítulo 30

## Liberdade no samba

Outro centenário que provocou o testemunho das escolas foi o da República, em 1989, destacando-se a Imperatriz Leopoldinense com o enredo de Max Lopes e samba de Niltinho Tristeza, Preto Jóia, Vicentinho, Jurandir: "Liberdade, liberdade, abre as asas sobre nós".

Vem, vem reviver comigo amor,
O centenário em poesia
Nesta pátria, mãe querida
O império decadente, muito rico, incoerente,
Era a fidalguia.

Surgem os tamborins, vem emoção
A bateria vem no pique da canção,
E a nobreza enfeita o luxo do salão.
Vem viver o sonho que sonhei
Ao longe faz-se ouvir
Tem verde e branco por aí,
Brilhando na Sapucaí.

Da guerra nunca mais
Esqueceremos do patrono, o duque imortal,
A imigração floriu de cultura o Brasil,
A música encanta e o povo canta assim

Pra Isabel, a heroína que assinou a lei divina,
Negro dançou, comemorou o fim da sina,
Na noite quinze reluzente,
Com a bravura, finalmente,

O marechal que proclamou,
Foi presidente.

Liberdade! Liberdade!
Abre as asas sobre nós,
E que a voz da igualdade
Seja sempre a nossa voz!

A primeira eleição direta acontecida no Brasil, depois de 1961, foi em 1989, quando a bordo de muitas esperanças de moralidade e modernidade, foi eleito Fernando Collor de Mello. No carnaval de 1990, a Unidos do Cabuçu perguntou através do samba de Afonsinho, João Anastácio, Walter da Ladeira e Carlinhos do Grajaú: "Será que eu votei certo para presidente?".

Vejam só
A ironia do destino
Está presente,
Vejam só
Parece mentira
Eu votei pra presidente.

Era muita pilantragem
A mais grossa sacanagem
Uma "Avilan", podes crer
Por trás de tanta lambança
Uma luz de esperança
Vinha em cada alvorecer.
Eu votei
Se votei certo
Só mesmo o tempo dirá
Peço a Deus, sinceramente
Que ilumine o presidente
Desde agora, desde já.

Proteção ao índio
À flora e aos pantanais (segura o ouro!)
O ouro é nosso
Não deixe serem extintos os animais,
Senhor presidente,
Pra essa miséria ter fim,
Faça um governo capaz
Dê melhor vida, amor e paz
O povão espera assim.

O sol da liberdade
No horizonte, enfim, raiou
Com rara felicidade

O povo livre votou!

É de lamentar que ainda não tenha sido daquela vez...
O "Avilan" citado era o país fictício onde se desenvolvia a novela da TV Globo *Que rei sou eu?*, de Cassiano Gabus Mendes, uma paródia sobre o Brasil daqueles dias.
Ainda em 1990 outra escola, a Acadêmicos de Santa Cruz, fez um enredo fortemente político, homenageando *O Pasquim*, o jornal que mudou a face da imprensa brasileira, criação de Sérgio Cabral, Jaguar, Carlos Prósperi, Cláudius, Tarso de Castro, Paulo Francis, Millôr Fernandes, Ziraldo, Ivan Lessa e Luiz Carlos Maciel, e que foi a grande trincheira na resistência à censura e aos efeitos do Golpe de 1964. "Os heróis da resistência", samba de Zé Carlos, Carlos Henri, Carlinhos de Pilares, Doda, Mocinho e Luis Sérgio.

Oh! Divina luz que nos conduz
Com bom humor e irreverência,
Hoje, ninguém vai nos "gripar"
Somos "os heróis da resistência"
Vamos "pasquinar", recordar

Sorrir sem censura
Botar a boca no mundo, buscar bem fundo
Sem a tal da ditadura.

Soltavam as bruxas, o pau comia
De golpe em golpe, quanta covardia!

Venha com a gente, povão
Abra o seu coração
Para o *Pasquim*, o pequeno imortal
Simbolizado pelo sacana ratinho
Mesmo bombardeando, virou paixão nacional.
Aí, na palidez da folha
Imprimimos personagens geniais
Lindas mulheres espelhando nossas páginas,
Ipanema foi o centro cultural
Hoje, essa história é carnaval!

Gip gip nheco nheco
Por favor não apague a luz,
A luz, a luz,
Goze desta liberdade
Nos braços da Santa Cruz.

No ano 2000, a figura do presidente Getúlio Vargas volta a ser evocada num enredo. Desta vez foi a Portela e a referência era em seus dois tempos: do Estado Novo e do segundo mandato conquistado nas urnas. O título do samba-enredo ficou sendo "Trabalhadores do Brasil – A época de Getúlio Vargas", e foi assinado por Amilton Damião, Edynel, Zezé do Pandeiro e Edinho Leal.

O raiar de um novo dia,
Desafia o meu pensar,
Voltando à Época de Ouro,

Vejo a luz de um tesouro,
A Portela despontar!

Aclamado pelo povo, o Estado Novo
Getúlio Vargas anunciou a despeito da censura,
Não existe mal sem cura,
Viva o trabalhador!

Nossa indústria cresceu (e lá vou eu)
Jorrou petróleo a valer...
No carnaval de Orfeu, cassinos e MPB.

O rei da noite, o teatro, a fantasia,
No rádio, as rainhas, a "baiana de além-mar"
Tantas vedetes, cadillacs, brilhantina,
Em outro palco o movimento popular.

E no Palácio das Águias,
Ecoou um grito a mais.
Vai à luta, meu Brasil, pela soberana paz,
Quem foi amado e odiado na memória,
Saiu da vida para entrar na história.

Meu Brasil menino foi pintado em aquarela,
Fez do meu destino o destino da Portela.

Nesse mesmo carnaval, a Caprichosos de Pilares que, durante algum tempo trilhou o caminho da sátira, irreverência e alusão política, saiu com o samba-enredo "Brasil, teu espírito é santo". O samba de Mauro, Claudinho, J. Bodão e Márcio do Swing dá uma varredura em assuntos contemporâneos:

Brasil, eu amo você,
Meu país abençoado,

Brasil de JK, JQ, JG,
Memória de um passado
Brasil virou o jogo na Arena,
Roubou a cena
O bom senso idolatrado,
E a Caprichosos
Agradece e bate palma,
Se Deus é brasileiro,
O povo é a alma.

O violão, a bossa-nova, uma canção do rei,
Um *hippie* sem compromisso,
O coração, a lei.

Nos caminhos da saudade,
A esperança e a paz,
Diretas a sua vontade,
Na alegria dos carnavais.
Vencemos, dançamos de cara pintada tiramos,
Deu pra ver o que é amar.
Nossa pátria mãe gentil,
Hoje a festa é sua, é só comemorar
Meu Brasil!

Capricha na virada, amor, amor,
O futuro é todo seu,
O espírito é santo,
É guerreiro, sou mais você,
Valeu!

  É notório que nós, brasileiros, culturalmente olhamos para o hemisfério de cima, para o outro lado do Atlântico, mas nunca para os lados. É uma deficiência que nos afasta dos vizinhos mais próximos, quase numa tentativa de impermeabilização dos fatores que compõem o espírito latino-americano. Sob o rótulo de "cafona", juntamos tango, guarânia, joropo, milonga, bolero, rumba, merengue, tudo num só pacote e, com isso, perdemos muito.

Deixamos de conhecer os fatores componentes da colonização e do processo de libertação do conjunto de países da área do México para baixo. Sabemos mais sobre a Guerra de Secessão dos Estados Unidos e dos índios americanos, do que sobre as atrocidades de Pizarro, Cortez e companhia, e o desenvolvimento das civilizações pré-colombianas, aztecas, maias e incas.

Pela primeira vez, e para o carnaval de 2006, uma escola de samba, a Unidos de Vila Isabel, cria um enredo para falar da identidade, semelhanças, dessemelhanças e contradições da nossa região, e sempre sob a ótica da liberdade. Os autores do samba "Soy loco por ti America – A Vila canta a latinidade" são André Diniz, Serginho 20, Carlinhos do Peixe e Carlinhos do Petisco:

> Sangue *caliente* corre na veia,
> É noite no Império do Sol,
> A Vila semeia
> Sua poesia em *portunhol*
> E vá... buscar num vôo à imensidão
> Dourados frutos da ambição
> Tropical por natureza,
> Faz brotar a miscigenação.
>
> *Soy loco por ti America*
> Louco por teus sabores,
> Fartura que impera, mestiça Mãe Terra
> Da integração das cores.
>
> Nas densas *florestas de cultura*
> Do *sombrero* ao chimarrão
> Sendo firme sem perder *la ternura*
> E o amor por este chão

*191*

Em límpidas águas, a clareza
Liberdade a construir,
Apagando fronteiras, desenhando
Igualdade por aqui
*Arriba*, Vila!

Forte e unida
Feito o sonho do Libertador
A essência é a luz de Bolívar
Que brilha num mosaico multicor

Para bailar *La Bamba*, cair no samba
Latino-americano som
No compasso da felicidade
Irá pulsar *mi corazón*.

O conteúdo político continua latente em muitos sambas-enredo. Como no passado, não é uma tendência que se manifesta coletivamente, mas o interessante é que nunca deixa de existir. Um dos enredos e, conseqüentemente, um dos sambas mais recentes que abordaram com extrema propriedade um episódio quase desconhecido de nossa história, foi o da Beija-Flor para o carnaval de 2005.

Não obstante a extensão do título e o número de autores, a composição expõe dados que a maioria das pessoas, até então, desconhecia. Este é um dos fascínios do samba-enredo: trazer à tona momentos importantes que compõem a nossa nacionalidade.

O título do samba: "O vento corta as terras dos Pampas. Em nome do Pai, do Filho e do Espírito Guarani. Sete povos na fé e na dor... Sete missões de amor".

Vamos agora aos autores: J. C. Coelho, Ribeirinho, Adilson China, Serginho Sumaré, Domingos PS, R. Alves, Sidney de Pilares, Zequinha do Cavaco, Jorginho Moreira, Wanderlei Novidade, Walnei Rocha e Paulinho Rocha.

É direto para o *Livro dos recordes Guinness*. Alguém conhece outra composição musical com tantos autores?

Beija-Flor
2005

Clareou...
Anunciando um novo dia,
Clareou...
Abençoada estrela guia
Traz do céu à luz menino
Em mensagem do Divino.
Unir as raças pelo amor fraternizar.
A Companhia de Jesus
Restaura a fé e a paz faz semear
Os jesuítas vieram de além-mar
Com a força da fé catequizar e... civilizar.
Na liberdade dos campos e aldeias
Em lua cheia, canta e dança o guarani

Com tubichá e o feitiço de crué
Na "yvi marey" aiê... povo de fé.

Surgiu...
Nas mãos da redução a evolução,
Oásis para a ida em comunhão,
O paraíso
Santuário de riquezas naturais,
Onde ergueram monumentos
Imensas catedrais.
Mas a ganância
Alimentada nos palácios de Madri
Com o tratado assinado
A traição estava ali.

Oh! Pai olhai por nós!
Ouvi a voz cortando os Pampas,
Bordando a esperança,
Nesse rincão brasileiro.

Em nome do Pai, do Filho
A Beija-Flor é guarani.
Sete povos na fé e na dor,
Sete missões de amor.

Desta forma, as missões jesuíticas ao sul do Brasil, tentativa de criar uma sociedade de germe cristão-socialista, com o final trágico do aniquilamento dos índios guaranis e dos religiosos, encontraram na Beija-Flor, muitos anos depois, o veículo adequado para se revelarem por inteiro.

# Capítulo 31

## E a política do carnaval?

Como em qualquer agrupamento social, hábitos políticos também estão presentes nas agremiações carnavalescas desde os primeiros tempos das pioneiras sociedades. Grupos antagônicos sempre sobreviveram tanto nelas como, mais tarde, nos ranchos, blocos e, atualmente, nas escolas de samba. Eleições quase sempre ocorrem e a diferença marcante entre os grupos de carnaval e os clubes de futebol, outra paixão catalisadora, é que naqueles os associados, mesmo os derrotados, saem nos desfiles contribuindo para a desejada boa colocação na disputa e, nestes, quem perde vira oposição mesmo e, muitas vezes, deixa de ir ao clube ou assistir aos jogos.

Para ficarmos na estrutura das escolas, vale ressaltar que, durante muitos anos, elas foram caudatárias do poder público, que dava subvenções e organizava o desfile. A Prefeitura da Cidade do Rio de Janeiro, através dos seus organismos, Departamento de Turismo e Certames, depois Secretaria de Turismo e, finalmente, Riotur, sempre foi a dona da festa, preparando o local e escolhendo os julgadores. E assim foi até 1984, quando foi fundada a Liga Independente das Escolas de Samba do Rio de Janeiro (LIESA), congregando as seguintes escolas: Acadêmicos do Salgueiro, Beija-Flor, Caprichosos de Pilares, Estação Primeira de Mangueira, Imperatriz Leopoldinense, Império Serrano, Mocidade Independente de Padre Miguel, Portela, União da Ilha do Governador e Unidos de Vila Isabel. As outras ficaram na Associação das Escolas de Samba da Cidade do Rio de Janeiro (AESCRJ) e agora são as que concorrem no grupo de acesso. Essa composição não é cativa, porque com o rebaixamento da última colocada no grupo especial o quadro vai mudando.

Com o advento da LIESA, as escolas passaram a gerir seu próprio destino, criando um selo fonográfico para a gravação dos CDs de sambas-enredo, que já bateram recordes de vendagem antes que a pirataria fosse instituída, além de negociar os direitos de arena e de imagem com as emissoras de televisão, isto sem falar na arrecadação dos ingressos no sambódromo (ou passarela do samba). Como declarou o ex-presidente Ailton Guimarães Jorge: "O poder público entra com o palco e nós com o show". Atualmente, a LIESA é presidida por Jorge Castanheira.

É inegável que a política instituída pela LIESA deu bons resultados para as escolas de samba, acirrando, assim, a disputa e proporcionando um nível de receita que propicia a confecção de belos e ricos carnavais. Perdeu-se certa ingenuidade? Com certeza, mas seria difícil manter os padrões estéticos de outrora, quando todos estamos expostos às conquistas tecnológicas e às informações que correm céleres por todos os meios de comunicação. As escolas, pelo prestígio e popularidade que conseguiram, não poderiam ficar alijadas do processo de contemporaneidade. Também não poderiam, devido à demanda dos próprios componentes.

Tudo isso compõe a história do carnaval carioca que, felizmente, ainda está sendo escrita, e onde se constata que os veios políticos e religiosos se intercomunicam e, muitas vezes, se confundem nas expressões carnavalescas. É uma característica nacional, que podemos observar ao longo dos tempos e que nos torna tão originais.

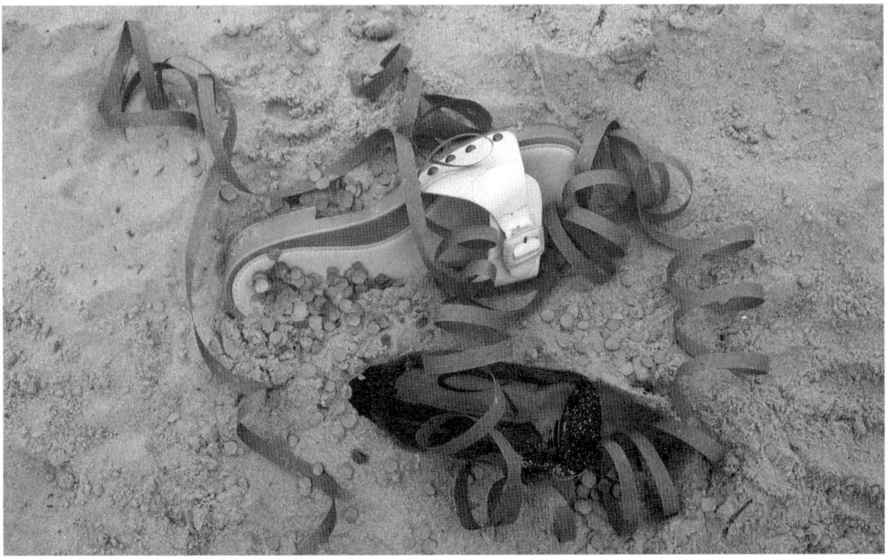

Foto: Alexander Orloff

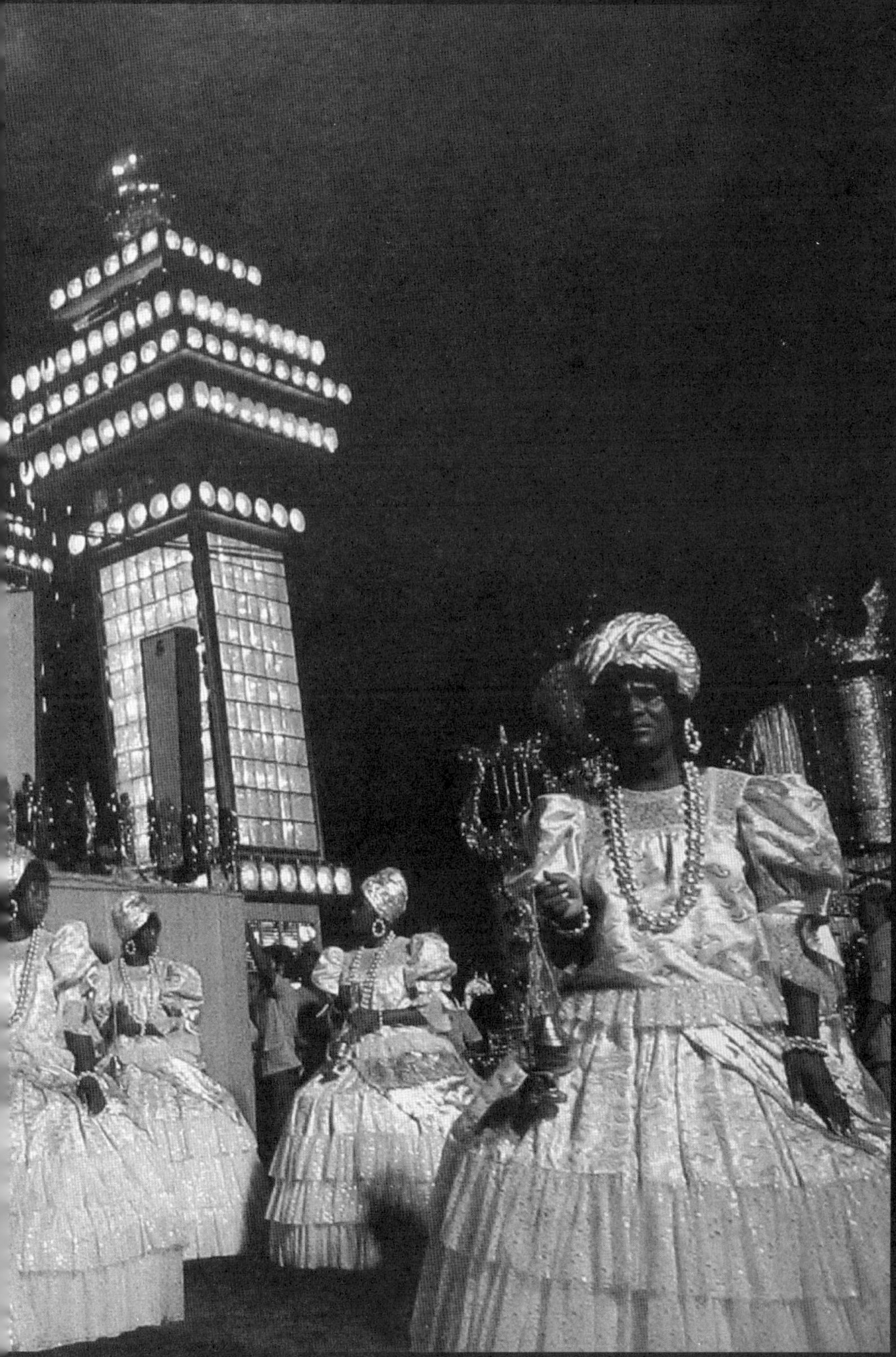

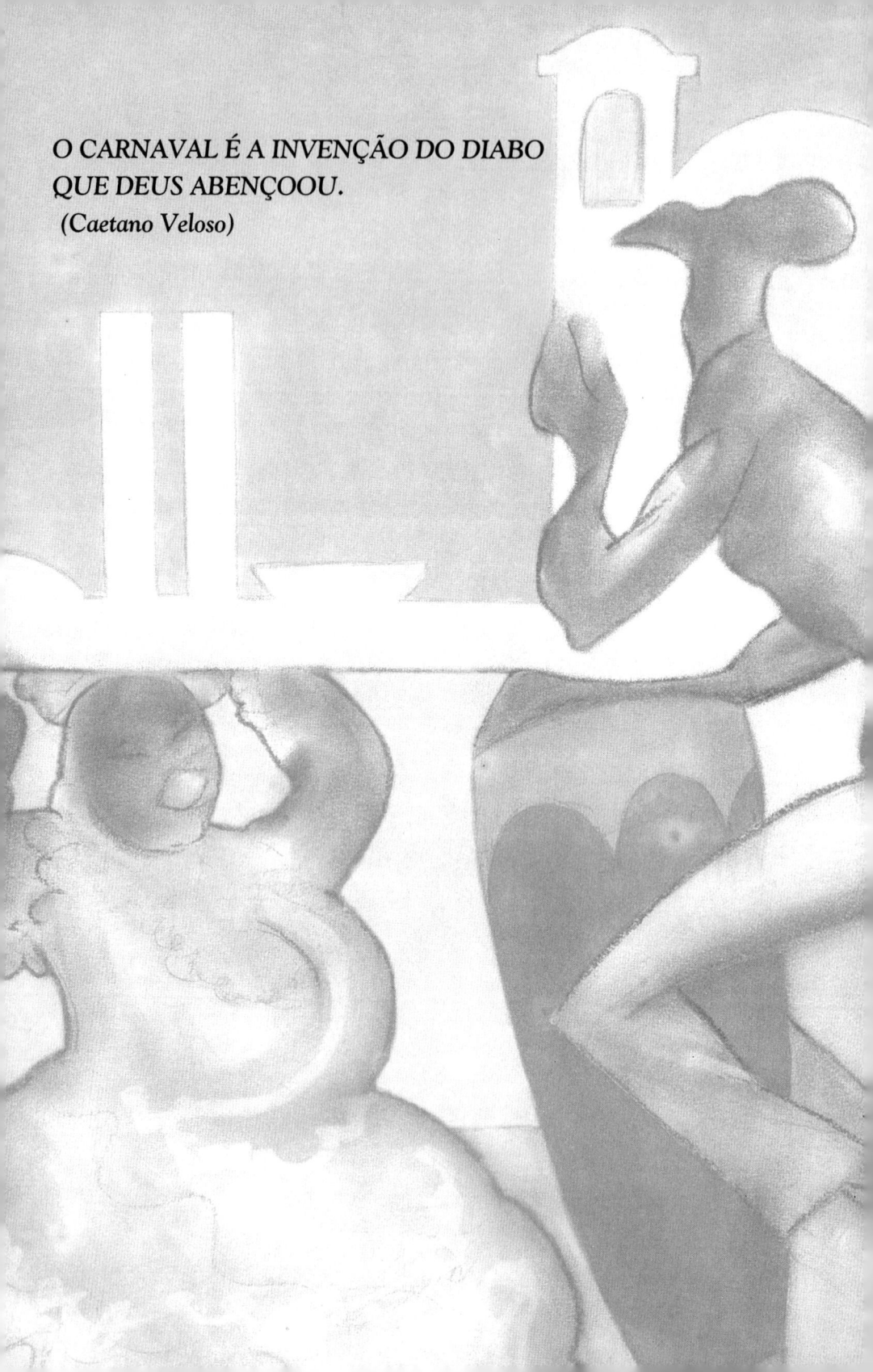

O CARNAVAL É A INVENÇÃO DO DIABO
QUE DEUS ABENÇOOU.
 (Caetano Veloso)

# Capítulo 32

## Nos terreiros, nos altares e nos andores

As procissões católicas sempre enriqueceram o imaginário popular. Círios, estandartes, andores, homens vestindo opa, crianças vestidas de anjos, donzelas semi-ocultas por véus trajando branco impecável, todos estes componentes integravam e alguns até hoje integram, desde o medievo, os cortejos religiosos.

Não é uma afirmação exagerada dizer que foi a Igreja Católica quem inventou o carnaval ou, pelo menos, deu-lhe forma através do reconhecimento. Se ainda há hoje quem condene a "libertinagem" do carnaval, que dizer dos festejos que ocorriam nos primeiros tempos do cristianismo, onde a orgia era absoluta, tolerada e, muitas vezes, compartilhada pelos senhores feudais? Todos esses festejos eram implacavelmente perseguidos pela Igreja Católica e, com isso, era despertado o fascínio do condenável ou proibido.

Mikhail Bakhtin, o russo mais citado no Brasil quando o tema é carnaval, no seu livro *A cultura popular na Idade Média e no Renascimento: O contexto de François Rabelais*, assevera:

> Os festejos de carnaval, como todos os atos e ritos cômicos que a eles se ligam, ocupavam um lugar muito importante na vida do homem medieval. Além dos carnavais propriamente ditos, que eram acompanhados de atos e procissões complicadas que enchiam as praças e as ruas durante dias inteiros, celebrava-se também a festa dos tolos e a festa do asno; existia um riso pascal muito especial e livre, consagrado também pela tradição.
> (...) O riso acompanhava também as cerimônias e os ritos da vida cotidiana: assim, os bufões e os bobos assistiam sempre às funções do cerimonial sério, parodiando seus atos (proclamação dos nomes dos vencedores dos torneios, cerimônia de entrega do direito de vassalagem, iniciação de novos cavaleiros etc.).
> (...) O carnaval é a segunda vida do povo, baseada no princípio do riso.

É a vida festiva. A festa é a propriedade fundamental de todas as formas de ritos e espetáculos cômicos da Idade Média.

Quando o papa Gregório I, dito o Grande, estabeleceu o início dos quarenta dias de jejum, abstinência dos prazeres carnais, para lembrar o período em que Jesus ficou no deserto submetendo-se a toda sorte de privações, nascia a Quaresma, estimulando dias de festejos antes do início do recolhimento.

Felipe Ferreira, autor do indispensável *Livro de ouro do carnaval brasileiro*, nos dá a fórmula de como se calcular os dias de carnaval:

> A terça-feira de carnaval é o dia anterior ao início do período da Quaresma e varia conforme a data da Páscoa. Esta ocorre sempre no domingo seguinte à primeira lua cheia após o equinócio de março (que pode cair nos dias 21 ou 22, dependendo do ano). Como a Quaresma dura 46 dias (40 dias, mais 6 domingos), a terça-feira de carnaval se dará sempre 46 dias antes domingo de Páscoa. Ou seja, para se calcular os dias de carnaval de um determinado ano são necessários (1) descobrir o dia do equinócio de outono (ou da primavera, se você estiver no Hemisfério Norte); (2) verificar quando acontecerá a próxima lua cheia; (3) verificar o primeiro domingo depois dessa lua cheia, que será domingo de Páscoa; (4) descontar 46 dias. Esse dia será a terça-feira de carnaval. Como a Páscoa pode cair entre 22 de março e 25 de abril, as datas limites para a terça-feira de carnaval são 4 de fevereiro e 9 de março.

Simples, não? Os dias que precediam a Quaresma foram denominados de "adeus à carne". Em bom latim *carnelevarium*, que foi sofrendo alterações até ser fixado como *carnevale*.

A carnavalização das procissões religiosas no Rio de Janeiro é um fato. E isso remonta, no mínimo, ao segundo reinado. As senhoras da corte se esmeravam nos figurinos e nos penteados para seguirem a procissão de *corpus Christi*, que era uma das mais concorridas. E puxando o cortejo, não menos elegantes, com trajes alvíssimos e colares de prata, estavam as taieiras sempre presentes também nas procissões de São Benedito e do Santíssimo Sacramento. Quem eram essas senhoras negras?

A notícia mais antiga que se tem sobre elas está registrada no século XVIII, durante as festividades comemorativas do casamento da futura d. Maria I, que aconteceram em 1760 na Vila de Santo Amaro, na Bahia. No Rio, mais ou menos na mesma época, elas foram detectadas nas congadas, autos representativos da coroação de reis do Congo, festa que era permitida pelos senhores de escravos, com o beneplácito da Igreja Católica.

Como retribuição, as taieiras, que tinham uma dança específica que consistia num leve movimento com braços arcados e pés marcando o ritmo, saíam à frente do andor de São Benedito, Nossa Senhora do Rosário e do pálio onde o bispo conduzia o ostensório com o Santíssimo Sacramento. Nas festas no terreiro, antes de irem para a igreja, elas cantavam:

> Deus vos salve casa santa,
> Onde Deus fez a morada,
> Onde mora o cálix bento
> E a hóstia consagrada.

Nas festas da coroação de reis do Congo, a cerimônia se realizava na nave da igreja, onde os participantes ocupavam as primeiras filas, sendo que o rei e a rainha ficavam ao lado do altar-mor, e o oficiante benzia as coroas. E todos cantavam:

> Sinhô São Benedito, taiê
> São Benedito, valei-me
> Aqui está sua devota, taieira
> Com sua devoção estarei.

Depois da missa, antes de se formar a procissão, a dança era geral no adro da igreja e, ali, junto ao movimento dos braços e a batida dos pés, se juntava um balançar de ancas que o padre fingia não ver.

> E a cantoria, uníssona, era geral:
> Meu São Benedito
> É santo de preto,

Ele bebe garapa,
Ele ronca no peito.

Meu São Benedito
Venho lhe pedir,
Pelo amor de Deus
Pra *tocá* cocumbí.

O posicionamento das taieiras na organização do cortejo, em qualquer procissão, visto com olhos de hoje, era como se fosse a ala de baianas de uma escola de samba. Não só pela elegância e o ar majestoso das integrantes, como pela presença hierática, própria de ascendência nobre.

Manuel Antônio de Almeida, na sua obra *Memórias de um sargento de milícias*, descreve com detalhes suas impressões que confirmam a nossa percepção:

> As chamadas baianas não usavam vestido; traziam somente umas poucas saias presas à cintura e que chegavam pouco abaixo do meio das pernas, todas elas ornadas de magníficas rendas; da cintura para cima, traziam uma finíssima

camisa cuja gola e mangas eram também ornadas de renda. Ao pescoço, punham um cordão de ouro ou um colar de corais, os mais pobres eram miçangas; ornavam a cabeça com uma espécie de turbante a que davam o nome de trufas, formado por um grande lenço branco muito teso e engomado. Calçavam umas chinelinhas de salto alto e tão pequenas que apenas continham os dedos dos pés, ficando de fora todo o calcanhar; e, além de tudo isto, envolviam-se graciosamente com uma capa de pano preto deixando de fora os braços ornados de argolas de metal simulando pulseiras.

No amplo sincretismo com que os escravos se defendiam para cultuar as suas divindades, alguns santos católicos tinham presenças mais marcantes do que outros e, entre todos, São Benedito e São Jorge sempre foram os mais prestigiados. Em 1879, para evitar a correspondência São Jorge-Ogum, a cúria proibiu a procissão que se realizava no dia 23 de abril, deixando que as homenagens se realizassem apenas dentro da igreja. Em represália, o Clube dos Fenianos assumiu a defesa do santo guerreiro e o incluiu como figura principal em um dos chamados "carros de crítica" no carnaval do ano seguinte.

No habitual tom irreverente, um dos *puffs* exclamava: "Tiraram-lhe as paradas, os belos encontros de Jacarepaguá e Inhaúma. O santo calou-se. Regatearam-lhe o soldo, São Jorge moita. Afinal, tiraram-lhe a procissão. Aí, era demais!!!"

Justificando o desagravo, os "gatos", como eram conhecidos os integrantes dos Fenianos, imprimiram uma edição extra do jornal-panfleto O *Facho da Civilização*, onde deixavam bem claro: "São Jorge é um santo e não se desdenha de tomar parte no préstito deslumbrante dos Fenianos", e acrescentava o soneto:

Sabem quem sou?
O Jorge, aquele velho santo
Amado nos quartéis dos quais guardou o uso,
De amar a lei, a pátria, o rei, o parafuso.

Emblema de firmeza, espantalho ao quebranto
E saibam vosmecês que eu fiz o mesmo tanto

Como os que estão no inferno em sempiterno exício
E muito cavalheiro eu fiz o sacrifício

De amarrar os calções e consertar o manto
Sou do Brasil patrono, em hora má, precária,
Como sou coronel dali da Candelária,

Defendo-lhes os brasões da Guarda Nacional
Mas o governo vil tirou-me a procissão
Ingrato proceder
Estou na oposição
A minha arma é outra: a vala, o Carnaval!

Desta maneira galhofeira, ferina, os Fenianos faziam de São Jorge o intérprete de sua sátira ao governo, ao pessoal "de cima".

Quando a escola de samba Prazer da Serrinha transformou-se no Império Serrano, tudo aconteceu sob a proteção de São Jorge, o que inspirou Aniceto Menezes e Sebastião Molequinho para a composição de um samba com o título "Menino 47", alusivo ao ano do nascimento da escola e que é, praticamente, um hino:

Menino 47
De ti ninguém esquece
Serrinha, Congonha, Tamarineira,
Nasceu o Império
O reizinho de Madureira
Só se falava da Portela
E da Estação Primeira,
Seu padrinho, São Jorge, santo guerreiro
Que lhe deu prestígio e glória
Pra sambar o ano inteiro.

Um grupo carnavalesco que se formou em homenagem a Nossa Senhora da Conceição foi impedido de desfilar. O fato despertou polêmica e protesto. Machado de Assis que, na época, escrevia para a *Gazeta de Notícias* e era grande apreciador do carnaval, escreveu uma crônica sobre o assunto (a grafia original foi mantida) no dia 16 de fevereiro de 1896.

> Que excellente dia para deixar aqui uma columna em branco! Ninguém hoje quer ler chronicas. Os antigos políticos esquivam-se; os processos de sensação, as facadas, uma ou outra descompostura, não conseguem neste domingo gordo entrar pela alma do Rio de Janeiro. Só se lerá o itinerário das sociedades carnavalescas, que este anno são numerosissimas, a julgar pelos títulos. O carnaval é o momento histórico do anno. Paixões, interesses, mazellas, tristezas, tudo pega em si e vae viver em outra parte.
> A própria morte nestes trez dias deve ser jovial e os enterros sem melancolia. A mais é o luto em algumas partes remotas se bem me lembra. Verdadeiramente não me lembra nada ou quasi nada. Ouço já um ensaio de tambores, que me traz unicamente á memória o carnaval do anno passado.
> Uma das sociedades carnavalescas que tinha de sair hoje e não sae, é a que se denominou Nossa Senhora da Conceição. Há de parecer exquisito este titulo, mas e a intenção é que salva, a sociedade vai para o céo. Os autores da idéia são, com certeza, fieis devotos da Virgem e não têm o carnaval por obra do diabo. A Virgem é o maior dos nossos oragos: nas casas mais pobres póde não haver um Christo, mas sempre haverá uma imagem de Nossa Senhora. Alem do logar excelso que lhe cabe na agiologia, a Virgem é a natural devoção dos corações maviosos. O chamado marianismo, se existe, – cousa que ignoro, por não ser matéria de chronica – acharia aqui um asylo forte e grande. Por isso, digo e repito que a intenção foi boa e aceita pelos collaboradores com piedade e entusiasmo.
> Entretanto, concordo com a prohibição e creio que a sociedade ou grupo de que se trata, se tem gosto ás idéias profanas, deve adoptar denominação adequada.

Não deixa de ser, no mínimo, curioso o fato de que os ranchos carnavalescos do Rio de Janeiro – Ameno Resedá, Mimosas Cravinas, Arrepiados, Lírio do Amor, Reino das Margaridas –, todos tivessem como padroeira Nossa Senhora da Glória. Nos anos 1920, a data de 15 de agosto era celebrada igualmente na Igreja Matriz de Nossa Senhora da Glória, no largo do Machado, e no Outeiro da Glória com a mesma ênfase e mesmo entusiasmo que existiam nos salões-sede dos ranchos, onde em nichos profusamente iluminados e belamente ornamentados estava entronizada uma imagem da santa. Os foliões iam à novena e ao baile, o baile da Glória, sempre com o garbo dos trajes elegantemente usados por homens e mulheres. Não havia nada de profano. As vitórias conquistadas, os troféus recebidos nas festas de momo, o rei pagão, eram todos dedicados à venerada santa.

Quando Ameno Resedá doou todo seu acervo de prêmios ao museu da Igreja de Nossa Senhora da Glória do Outeiro, fez circular um *puff* com os versos:

> Que em corações amenos existia
> Fervor intenso e grande devoção
> E a santa nos assistia
> A distribuir-lhe flores em profusão.

O rancho Flor do Abacate assim anunciava sua festa: "Supimpiríssimo baile com o que o invencível grêmio das orquídeas comemora o dia da gloriosa padroeira do campeão de 1924".

Já em 1891, o *Jornal do Commercio* anunciava festa na sede do Clube dos Democráticos, também conhecido como Castelo:

> Hoje, dia da Glória, baile oriental! Pleno carnaval no mês de agosto. Noite estrepitosa. Quando no alto do tão decantado outeiro da Glória principiar o estrugir das medonhas bombas de dinamite, abalando as vidraças, para final da festa, aqui neste invencível castelo, ao som mavioso de uma estridente banda marcial, darão os seus primeiros volteios, enlaçados pelos braços de seus cavalheiros, no redemoinho das valsas, divinas mulheres...

Os termos podem não ser os mais apropriados, mas a homenagem era sincera.

O costume de ter santos padroeiros nos ranchos e nas sociedades foi herdado pelas escolas de samba, que professam sua fé com muito samba e cerveja. Vejamos alguns: São Sebastião (Mangueira, Mocidade Independente de Padre Miguel e Salgueiro), Nossa Senhora da Conceição (Portela), São Jorge (Beija-Flor e Império Serrano), São João (Viradouro).

Era hábito, na famosa Gafieira Elite, no dia 20 de janeiro – consagrado a São Sebastião – um baile onde o traje obrigatório, para homens e mulheres, era de cor branca, sendo admitidos alguns detalhes em vermelho. Invariavelmente, a festa terminava num grande "grito de carnaval", como se chamavam as festas realizadas a partir de 31 de dezembro.

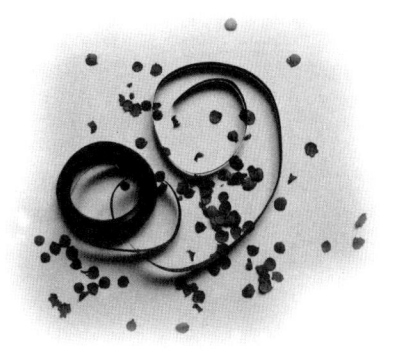

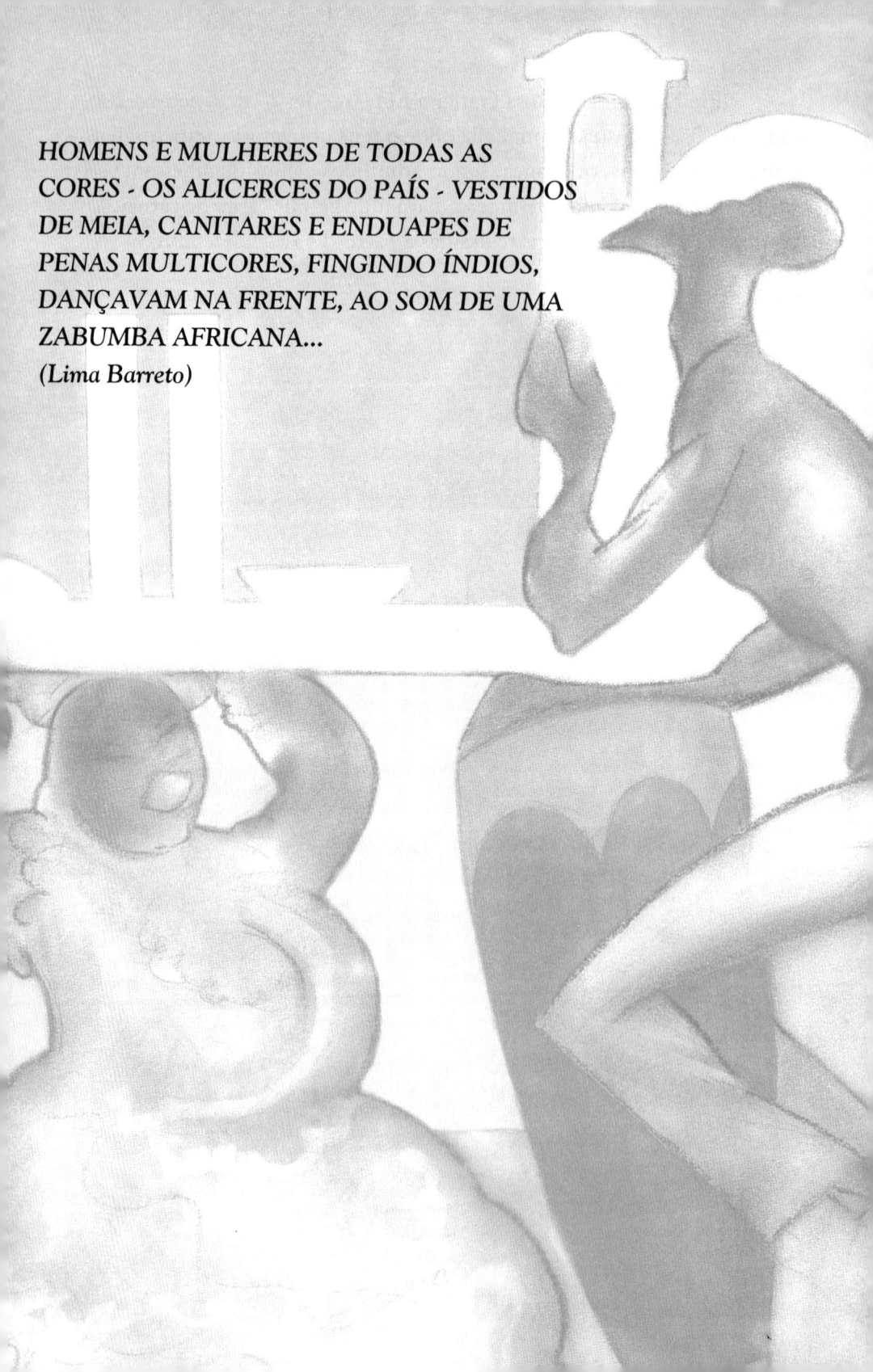

HOMENS E MULHERES DE TODAS AS CORES - OS ALICERCES DO PAÍS - VESTIDOS DE MEIA, CANITARES E ENDUAPES DE PENAS MULTICORES, FINGINDO ÍNDIOS, DANÇAVAM NA FRENTE, AO SOM DE UMA ZABUMBA AFRICANA...
*(Lima Barreto)*

# Capítulo 33

## Pelas escadas da Penha

Nos primeiros anos do século XX, a Festa da Penha, que acontecia nos domingos de outubro, era a vitrine e o campo experimental para as músicas de carnaval. No início, era uma festa apenas religiosa, freqüentada pela colônia portuguesa que, desta maneira, transpunha e cultivava uma tradição lusitana: a devoção a Nossa Senhora da Penha.

Na área exterior da igreja se instalava uma quermesse com muitas barracas embandeiradas vendendo vinho e guloseimas portuguesas, enquanto bandolas, guitarras e violões tocavam viras e fados. Com o tempo, a população carioca que ia pagar promessa (a mais popular era subir de joelhos os 365 degraus), assistir a missa ou, simplesmente, usufruir do ambiente festivo, foi adicionando outros instrumentos, como flauta, cavaquinho e pandeiro, e fazendo rodas de choro e samba. Esta última, com direito a exibição de renomados capoeiristas e bambas do sapateio.

Músicos e compositores foram sendo atraídos e descobriram que sua produção carnavalesca poderia ser avaliada e difundida. Sebastião Cirino, Caninha, Pixinguinha, Benedito Lacerda, Donga eram alguns dos mais assíduos. Ary Barroso, por exemplo, compôs um samba, cujo tema era a devoção à santa: "Vou à Penha".

> Eu vou à Penha, se Deus quiser
> Pedir à santa carinhosa
> Para fazer de ti, mulher,
> De um coração, a rainha
> Mais poderosa e orgulhosa.
>
> Eu vou pedir com toda fé
> E todo o ardor de um namorado,
> Eu sei que a santa quer pureza

E meus olhos vão dizendo
O que sinto com certeza.

Muitos sucessos do carnaval carioca nasceram ali, na Festa da Penha. Cantores como Francisco Alves, Orlando Silva, Silvio Caldas eram presenças freqüentes. Iam ouvir as novidades e, não raramente, saíam com um samba e/ou marcha que, em pouco tempo, seriam cantados por todos os foliões. Noel Rosa, em "Feitio de oração", disse:

Por isso, agora
Lá na Penha vou mandar
Minha morena pra cantar
Com satisfação
E com harmonia
Esta triste melodia
Que é meu samba
Em feitio de oração.

Claro que referências religiosas incluindo promessas, pedidos, evocações, desde há muito estão presentes em nossa música popular. Provavelmente, um dos exemplos mais lembrados é a valsa "Caprichos do destino", de Pedro Caetano e Claudionor Cruz, gravada magistralmente por Orlando Silva em 1937 e até hoje recordada pelos seresteiros remanescentes. É aquela que diz:

Se Deus um dia
Olhasse a terra e visse o meu estado
Na certa compreenderia
O meu trilhar desesperado
E tendo Ele em suas mãos
O leme dos destinos
Não deixar-me-ia assim
A cometer desatinos.

É doloroso, mas infelizmente é a verdade
Eu não devia nem sequer
Pensar numa felicidade
Que não posso ter
Mas sinto
Uma revolta dentro do meu peito
É muito triste não se ter o direito
Nem de viver

Jamais consegui
Um sonho ver concretizado
Por mais modesto e banal
Sempre me foi negado

Assim, meu Deus, francamente
Devo desistir
Contra os caprichos da sorte
Eu não devo insistir

Eu quero fugir ao suplício
A que estou condenado
Eu quero deixar esta vida
Onde eu fui derrotado

Sou um covarde, bem sei
Que o direito é levar a cruz até o fim,
Mas não posso, é pesada demais
Para mim.

No entanto, a primeira música no carnaval carioca que abordava, se não um tema, mas um símbolo da religião católica, foi um maxixe. Exatamente na época da transição do maxixe para o samba. Não por acaso, um dos autores foi um dos maiores dançarinos de maxixe de todos os tempos, Duque, que abalou Paris com sua *partnaire* Gabi. O outro autor foi Sebastião Cirino, excelente trompetista que também alcançou grande sucesso na Europa, tendo até recebido uma comenda do governo francês por sua colaboração em espetáculos beneficentes. Os dois escreveram o maxixe (ou samba) se preferir, para a revista *Tudo Preto*, montada pela Companhia Negra de Revistas, da qual Pixinguinha era o maestro-titular. O sucesso foi de tal ordem, que a música ganhou as ruas e tornou-se uma das mais cantadas no carnaval de 1926. E até hoje há quem se lembre de "Cristo nasceu na Bahia":

Dizem que Cristo nasceu em Belém
A história se enganou,
Cristo nasceu na Bahia, meu bem
E o baiano o criou.

A Bahia tem vatapá,
A Bahia tem caruru
Muqueca e arroz de haussá
Laranja, manga e caju.

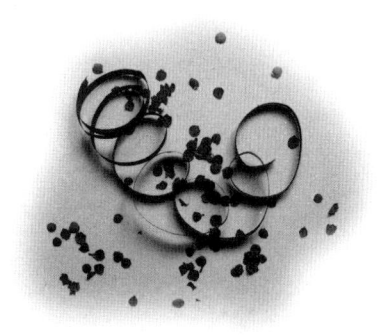

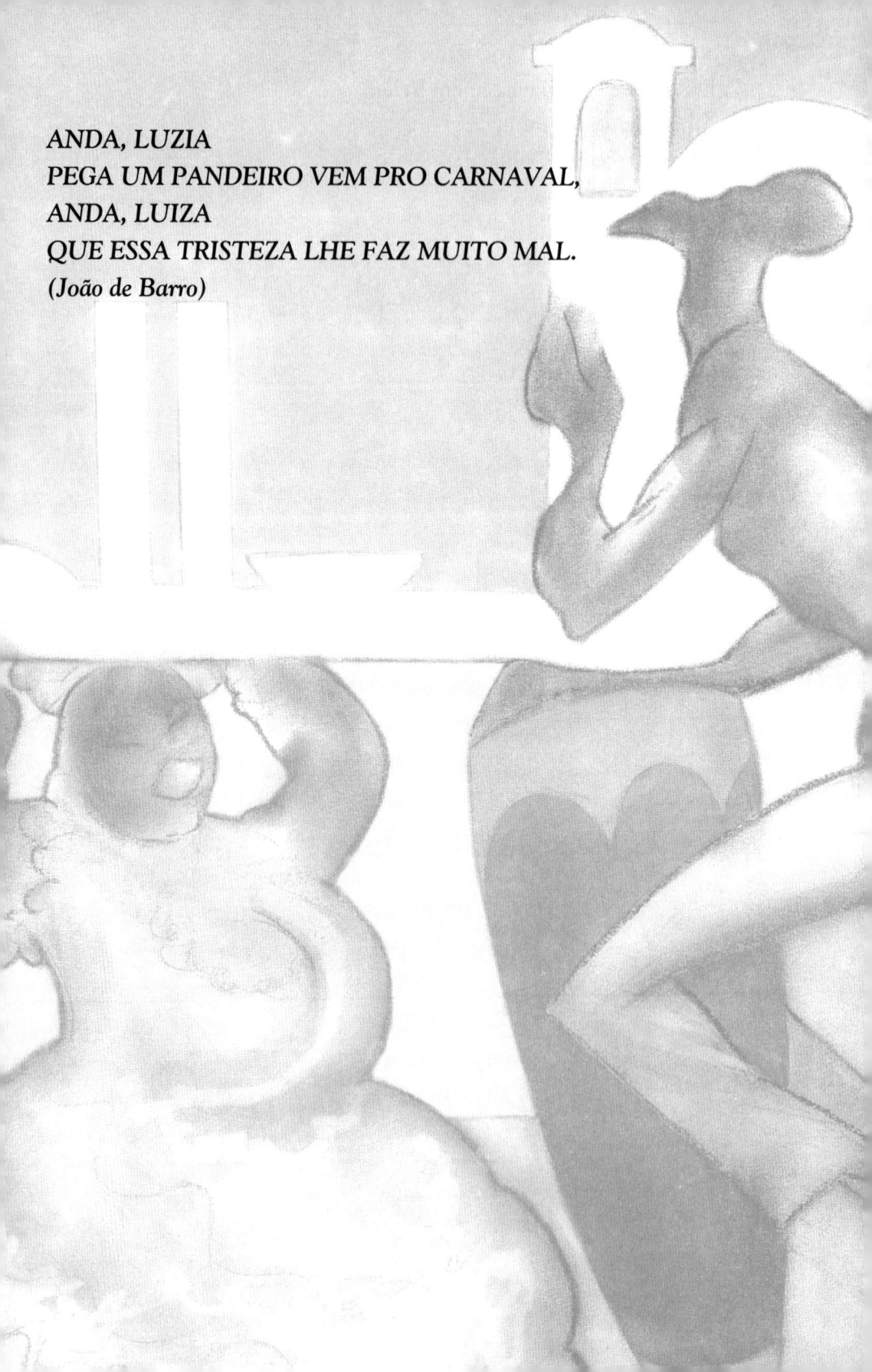

ANDA, LUZIA
PEGA UM PANDEIRO VEM PRO CARNAVAL,
ANDA, LUIZA
QUE ESSA TRISTEZA LHE FAZ MUITO MAL.
*(João de Barro)*

# Capítulo 34

## Pelo amor de Deus...

Numa indisfarçável demonstração de nossa fé católica, o nome de Deus é evocado, e não em vão, sempre em causas nobres, em algumas dezenas de músicas do cancioneiro brasileiro, inclusive muitas de carnaval. O caricaturista Nássara e o revistógrafo J. Rui, por exemplo, são os autores da marcha "Formosa", de 1933, que virou um clássico:

> Foi Deus quem te fez formosa,
> Formosa, formosa,
> Porém, este mundo te tornou
> Presunçosa, presunçosa.
>
> Ó mulher, o teu amor
> Não me cousa de durar
> Hoje é teu, mas amanhã
> Eu não sei de quem será.

Um indiscutível sucesso do carnaval de 1935, campeão na categoria do I Festival de Música de Carnaval, realizado pela Prefeitura do Distrito Federal, foi o samba composto por Kid Pepe, Germano Augusto e J. S. Gaspar. De andamento cadenciado, com letra extensa e sem o apelo do ritmo de uma batucada, "Implorar" poderia ser classificado como samba-prece:

> Implorar só a Deus,
> Mesmo assim, às vezes
> Não sou atendido.
> Eu amei e não venci,
> Fui um louco
> Hoje estou arrependido.

Foi-se meu sonho azulado
Minha ilusão mais querida
Perdi o meu bem amado
Minha esperança na vida,
Passei a vida implorando
Aquela infeliz amizade,
Tudo na vida se passa
Loucuras da mocidade

Hoje, no mundo sozinho
Relembrando o meu passado
Não tenho mais um carinho
Na vida tudo acabado,
Fui um louco, eu bem sei,
Implorar tua beleza,
Pelo teu amor fiquei
Contemplando a natureza.

Também é da safra do carnaval de 1935 a marcha que se tornaria o hino oficial da cidade do Rio de Janeiro e que foi classificada em segundo lugar, na categoria marcha, no Festival da Prefeitura. O nome de Deus também é evocado em "Cidade maravilhosa", de André Filho:

Cidade Maravilhosa,
Cheia de encantos mil,
Cidade maravilhosa, coração do meu Brasil.

Berço do samba e das lindas canções
Que vivem na alma da gente,
És o altar dos nossos corações
Que cantam alegremente!

Jardim florido de amor e saudade,
Terra que a todos seduz,

> Que Deus te cubra de felicidade,
> Ninho de sonho e de luz!

Um contundente canto de louvor a Deus, imbuído de profundo sentimento de fé e religiosidade foi feito, em ritmo de samba, para o carnaval de 1949. Houve quem achasse que não era apropriado, que em outro contexto poderia até ter certo caráter de canto litúrgico, mas aí se confirmou a máxima que assegura: "a voz do povo é a voz de Deus". O povo cantava nas ruas, na maior alegria, a composição de Felisberto Martins e Fernando Martins, que garantia "Maior é Deus no céu!".

> Maior é Deus no céu!
> E nada mais,
> Ai, ai... ai, ai...
> A falsidade
> Neste mundo é muito grande
> Por isso, Ele na terra não volta mais.
>
> Quem somos nós,
> Que vivemos
> Entre o mal e o bem
> Deus é maior,
> Bem maior
> Do que ninguém.

A evocação divina é uma constante no cancioneiro carnavalesco do Rio de Janeiro e, no geral, da nossa música popular. Um dos maiores sucessos da cantora Marlene deve-se a um interessante samba de Manuel Santana, que estourou no carnaval de 1950: "Sé é pecado sambar".

> Se é pecado sambar
> A Deus eu peço perdão,
> Eu não posso evitar
> A tentação,

> De um samba dolente
> Que mexe com a gente
> Fazendo endoidecer,
> É um tal de me pega
> Me solta e me deixa
> Sambar até morrer.
>
> Só samba é culpado
> De eu abandonar meu lar
> Se samba é pecado,
> Deus queira me perdoar.

É curioso observar o disparate existente entre o texto poético que fala de arrependimento, remissão, perdão, agradecimento e louvor a Deus, e a estrutura melódica e rítmica do samba. Não há dúvida de que é uma contribuição da nostalgia luso-brasileira, exposta em tantas canções e tão diferentes ritmos.

Aliás, este fato não passou despercebido por Mário de Andrade que, em artigo publicado no *Estado de S.Paulo*, de 15 de janeiro de 1939, observou:

> Como é triste o samba! (...) ele mantém uma tristeza admirável de caráter, que nas suas melhores expressões de morro, nada tem daquela soturnidade fatigada do "animal triste" que vem do tango, ou da insuportável lamúria do fado universitário de Coimbra. A tristeza do samba é de outro caráter e me parece mais aceitável, muito embora não alcance nunca as sublimes tristezas do folclore irlandês ou russo.
> O samba é trágico e, principalmente, lancinante. Se já a percussão muito áspera, glosada pelo ronco soturno da cuíca, não tem disfarce que a alivie da sua violência feridora, não é dela que deriva a especial tristeza do samba, mas da sua melodia. Principalmente na manifestação mais atual, com as suas largas linhas altas, seus sons prolongados, o samba é de uma intensidade dramática, muitas vezes esplêndida. Este ano, bastante fecundo em sambas bons, apresenta alguns documentos notáveis desse caráter de nossa música carnavalesca, de origem proximamente negra. O samba, creio que chamado "Sofri" ou "Sei que é covardia" é bem característico desse valor dramático, essencialmente musical, e que não deriva do texto, nem por ele se condiciona.

O samba ao qual Mário se refere é o de autoria de Claudionor Cruz e Ataulfo Alves, que tem o título "Sei que é covardia... Mas...".

Sei que é covardia
Um homem chorar
Por quem não lhe quer
Não descanso um só momento
Não me sai do pensamento
Essa mulher...

Que eu quero tanto bem
E ela não me quer,
Que eu quero tanto bem
E ela não me quer.

Outro amor
Não resolve a minha dor!
Só porque
O meu coração
Já não quer
Outra mulher...
Pois é!

No que diz respeito à diversidade da relação da música de carnaval e Deus, os exemplos se sucedem ao longo dos tempos. Sempre evidenciando o contraste da letra triste com melodia alegre e vice-versa, mesmo quando não se conhece a música. Atente para esta composição de Lauro Maia e Humberto Teixeira, que nasceu como samba-canção, mas que invadiu o carnaval de 1946: "Deus me perdoe".

Deus me perdoe...
Mas levar esta vida que eu levo
É melhor morrer...
Relembrando a fingida mulher
Que me abandonou
Eu aumento a saudade
Que me fez sofrer...
Ai, meu Deus...

Se ela quisesse voltar, eu perdoava
Se ela voltasse, na certa, recordava
O bom tempo feliz que ficou,
Ficou para trás
Tenho sofrido bastante
Não posso mais...
Ai, meu Deus!...

Se no samba de Lauro Maia e Humberto Teixeira o desespero é a tônica; no próximo, o viés é completamente diferente. Trata-se de um agradecimento explícito, radical, mas um pouco suspeito... Os autores são Polera, Penazzi e David Nasser: "Deus lhe pague".

Deus lhe pague
Tudo o que você fez por mim.
Deus lhe pague, Deus lhe pague!

Eu reconheço de todo o coração
Paguei o seu amor
Com a minha ingratidão.
Um minuto de vaidade
Fez de mim o que se vê
E agora na amargura
Eu me lembro de você.

O meu remorso
Não escondo a ninguém
É ter feito sofrer a quem tanto me quis bem
E agora só me resta
Repetir mais uma vez:
Deus lhe pague, meu amor
Tudo que você me fez.

Deus lhe pague
Tudo que você fez por mim
Deus lhe pague, Deus lhe pague.

O exemplo que mais tipifica a aparentemente estranha união entre o desesperado desalento de uma letra e a melodia em tom menor de uma música de carnaval, com certeza, é este samba de Ciro de Souza e Babau, tornado clássico pela pungente interpretação de Araci de Almeida, em 1937: "Tenha pena de mim".

Ai, ai, meu Deus
Tenha pena de mim
Todos vivem muito bem
Só eu que vivo assim...

Trabalho, não tenho nada
Não saio do miserê.
Ai, ai, meu Deus
Isso é pra lá de sofrer.

Sem nunca ver bem conhecer felicidade
Sem um afeto, um carinho ou amizade
Eu vivo tão tristonho
Fingindo-me contente
Tenho feito força pra viver honestamente.

O dia inteiro eu trabalho com afinco
E a noite volto pro meu barracão de zinco
E para matar o tempo
E não falar sozinho
Amarro essa tristeza
Com as cordas do meu pinho.

As transformações e as carnavalizações a que muitas músicas têm sido submetidas são histórias antigas, que vêm lá detrás, dos primórdios da festa. Foi assim com "Les pompiers de Nanterre", que, como sabemos, virou o "Zé Pereira"; a canção americana de Sam Marshall, lançada no Rio por um jamaicano de nome Sam Lewis, em 1913, num ritmo conhecido então como *one step* e que tinha o título "Caraboo" logo se tornou a marcha "Carabu"; o sucesso mexicano "Cielito lindo", mais conhecido entre nós por "Está chegando a hora", um dos maiores sucessos de Carmem Costa e; recentemente, uma composição de Roberto Carlos e Erasmo Carlos, espécie de *gospel* que, não obstante, ter sido adotada em muitas cerimônias religiosas, entrou no repertório da primeira saída da Banda do Leme e ainda hoje é tocada no carnaval de rua: "Jesus Cristo".

Jesus Cristo, Jesus Cristo,
Jesus Cristo, eu estou aqui!

Olho pro céu e vejo
Uma nuvem branca
Que vai passando,
Olho na terra e vejo
Uma multidão que vai caminhando.
Como essa nuvem branca
Essa gente não sabe aonde vai,
Quem poderá dizer é você, meu Pai!

Toda essa multidão
Tem no peito amor
E procura a paz,
E apesar de tudo
A esperança não se desfaz.
Olhando a flor que nasce
No chão daquele
Que tem amor,
Olho pro céu e vejo
Crescer na terra
O meu Salvador.

Em cada esquina vejo,
O olhar perdido
De um irmão,
Em busca do mesmo bem
Nessa direção
Caminhando vem
É meu desejo ver
Aumentando sempre
Essa procissão
Pra que todos cantem
Com a mesma voz
Essa oração.

Jesus Cristo, Jesus Cristo,
Jesus Cristo, eu estou aqui!

E não podemos esquecer do bloco Suvaco do Cristo, um dos mais populares e concorridos da cidade, com sua concentração na esquina das ruas Faro com Jardim Botânico, geograficamente situada embaixo da estátua do Cristo Redentor, e que deve seu nome a uma referência do compositor Tom Jobim, que residia na região: "Eu moro no sovaco do Cristo".

Motivada pelo sucesso do bloco, que põe mais de cinco mil pessoas desfilando, uma igreja metodista do bairro expôs uma faixa com a inscrição: "O suvaco, você já conhece, entre para conhecer o resto". Mais carioca impossível!

E não pode ser esquecido o exemplar samba de Noel Rosa, que foi um dos mais cantados no carnaval de 1933, "Até amanhã", e ainda hoje é cantado em diversas ocasiões:

Até amanhã,
Se Deus quiser,
Se não chover, eu volto
Pra te ver, ó mulher!
De ti gosto mais que outra qualquer
Não vou por gosto,
O destino é quem quer.

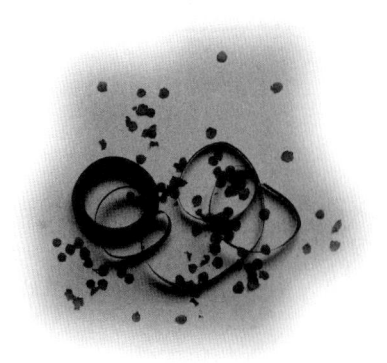

# Capítulo 35

## Bloco Carnavalesco Primos do Oriente

O Islã também já esteve presente em nosso carnaval, ainda bem que foi na época em que o fundamentalismo não estava em voga ou era mais brando, senão, Nássara e Haroldo Lobo estariam em maus lençóis com o *fatwa* (lei que se aplica aos que transgridem os princípios islâmicos) no encalço deles, devido à marcha que faz sucesso desde o seu lançamento, em 1941: "Alá-lá-ô!".

Alá-lá-ô, ô, ô, ô, ô, ô, ô
Mas que calor, ô, ô, ô, ô, ô, ô
Atravessando o deserto de Saara
O sol estava quente e queimou a nossa cara,
Alá-lá-ô, ô, ô, ô, ô, ô, ô

Viemos do Egito
E muitas vezes nós tivemos que rezar
Alá! Alá! Alá! Meu bom Alá!
Mande água pra ioiô
Mande água pra iaiá
Alá, meu bom Alá!

A cultura e a religiosidade muçulmanas foram focalizadas no carnaval de 1984, através da escola de samba Unidos da Tijuca, que apresentou o samba-enredo "Salamaleikum, a epopéia dos insubmissos malês", escravos vindos da costa da Guiné, de etnia *malinke*, grande parte para a Bahia e que eram mulçumanos. O samba, de autoria de Carlinhos Melodia, Jorge Moreira e Nogueirinha, diz o seguinte:

Levei meu pensamento à Bahia
Ao berço da poesia
Em busca da inspiração
Encontrei personagens realistas,
Tidas como anarquistas
Pois queriam um Brasil mais irmão.
De Alá receberam ensinamentos
De Olorum não se afastaram
Um só momento
Negros que enxergaram as razões
E lutaram pela igualdade
Liberdade e justiça social.
Salamaleikum, elo forte, triunfal
Se na veia corre sangue

Do senhor ou do plebeu
Desejavam dar ao próximo
O mesmo que queriam aos seus.

Valia ouro, oi, valia prata
A inteligência e a cultura
Desta raça.

Lá na África distante
Trouxeram o misticismo da magia
Mações e mestres alufás
Usavam estratégia e ousadia.
As revoltas se sucederam
Com Luísa Mahin, Micutum e Nassim
A cidadania era o ideal dessas nações
Com liberdade ou morte
Se lançaram à sorte
Olhando o mundo
Como um jogo de xadrez

Hoje eu sei, vovó
Que não foi em vão
Apesar da nossa história
Não mostrar toda a verdade
Do tempo da escravidão.

Para dar uma pequena explicação sobre uma das pessoas citadas no samba, Luísa Mahin, acrescente-se que era uma escrava alforriada, mãe de Luiz Gama, que veio a ser uma das grandes figuras da luta abolicionista. Conseguindo se tornar advogado, defendeu muitos escravos e cunhou a polêmica frase: "Todo escravo que mata o senhor, seja em que circunstância for, mata em legítima defesa".

Confirmando o caráter absolutamente democrático do nosso carnaval, Israel também foi homenageado nesta marcha de João Roberto Kelly e Rachel, gravada por Emilinha Borba:

Israel,
Israel,
Uma canção, uma lágrima,
Israel!

Um violinista no telhado
Tocando a canção que vem do céu
Meu sentimento, minha saudade,
Israel!

Se alguém tivesse a idéia de fazer um desfile carnavalesco na faixa de Gaza e organizasse um bloco chamado Primos do Oriente, unindo palestinos e judeus, com certeza, as coisas iam melhorar por lá.

# Capítulo 36

## Lá vem chegando a procissão

Os festejos que envolvem os santos católicos sempre mobilizam milhares de pessoas. São procissões quilométricas arrastando a multidão numa inequívoca demonstração de fé e contrição. É o que acontece com a festa do Círio de Nazaré, no Pará, que a cada ano aumenta o número de romeiros, devotos, pagadores de promessas e beatas.

Em se tratando de manifestação popular, foi focalizada por uma escola de samba, a Unidos de São Carlos (atual Estácio de Sá), em 1975 e, em 2004, pela Unidos do Viradouro, com o enredo *Pedi pra Pará, parou! Com a Viradouro eu vou pro Círio de Nazaré*. Em ambas as ocasiões o samba foi o mesmo composto por Aderbal Moreira, Dário Marciano e Nilo Mendes:

> No mês de outubro
> Em Belém do Pará
> São dias de alegria e muita fé,
> Começa com extensa romaria
> Matinal
> O Círio de Nazaré.
> Que maravilha a procissão
> E como é linda a santa em sua
> Berlinda,
> E o romeiro a implorar
> Pedindo a Dona em oração
> Para lhe ajudar.
>
> Ó Virgem Santa
> Olhai por nós,
> Olhai por nós,

Ó Virgem Santa
Pois precisamos de paz,

Em torno da matriz
As barraquinhas com seus
Pregoeiros
Moças e senhoras do lugar
Três vestidos fazem para se
Apresentar,
Tem circo dos horrores,
Berro-Boi, roda gigante
As crianças se divertem
Em seu mundo fascinante
E o vendeiro de iguarias a
Pronunciar:
Comidas típicas
Do estado do Pará,
Tem pato no tucupi,
Maçuã e tacacá
Maniçoba e tucumã,
Açaí e aluá.

A Cúria Metropolitana achou que a homenagem transgredia os cânones litúrgicos e tentou impedir o desfile da Unidos de São Carlos, mas prevaleceu o bom senso e a escola saiu com o samba que caiu no gosto popular. Tanto que na segunda versão, pela Viradouro, não houve nenhuma manifestação contra por parte do clero carioca, que havia sido radical em 1989, quando a Beija-Flor de Nilópolis saiu com o enredo de Joãozinho Trinta, *Ratos e urubus, larguem minha fantasia*, que não fazia nenhuma alusão religiosa, mas tinha um carro alegórico que representava o Cristo Redentor andrajoso, mendigo. A pressão foi forte e o carnavalesco resolveu, então, desfilar com a estátua coberta com plástico preto e a inscrição: "Mesmo proibido, rogai por nós!".

Meses depois, na inauguração do Memorial da América Latina, em São Paulo, por idéia e iniciativa de Darcy Ribeiro, o Cristo desfilou inteiramente descoberto.

A santa padroeira do Brasil, Nossa Senhora Aparecida, recebeu uma bela homenagem de dois talentosos compositores cariocas: Mauro "Bolacha" Duarte e Paulo César Pinheiro. Mesmo não sendo feito para a escola desfilar, a sua estrutura é de samba-enredo e é uma das mais belas obras da dupla: "Portela na avenida!".

> Portela,
> Eu nunca vi coisa tão bela
> Quando ela pisa a passarela
> E vai entrando na avenida.
> Parece
> A maravilha de aquarela que surgiu
> O manto azul da padroeira do Brasil
> Nossa Senhora Aparecida
> Que vai se arrastando
> E o povo na rua cantando
> É feito uma reza, um ritual

É a procissão do samba
Abençoando a festa do divino carnaval.

Portela,
É a deusa do samba que o passado revela
E tem a velha guarda como sentinela
E é por isso que eu ouço essa voz que me chama

Portela,
Sob a sua bandeira esse divino manto
Tua águia altaneira espírito santo
O templo do samba

As pastoras e os pastores
Vêm chegando da cidade e da favela
Para defender suas cores
Como vieste a santa missa da capela,
Salve o samba, salve a santa, salve ela
Salve o manto azul e branco da Portela
Desafiando triunfal sob o altar do carnaval.

Hino e oração ao mesmo tempo, esse samba tem a beleza intrínseca da homenagem sincera.

A Festa do Divino é outra herança portuguesa que se arraigou no Brasil, tomou formato e consistência particulares. Dedicada ao Espírito Santo, representado por uma pomba branca na bandeira vermelha, cultuada desde o século XVI em vários pontos do país, ela é ainda hoje um símbolo de religiosidade e festa popular. Em 1974, a Mocidade Independente de Padre Miguel realizou um enredo imaginado por Arlindo Rodrigues e desfilou com um samba de Tatu, Nezinho e Campo: "A Festa do Divino".

Delira meu povo
Nesse festejo colossal

Vindo de terra distante
Tornou-se importante e tradicional.

Bate tambor, toca viola
A bandeira do Divino
Vem pedir a sua esmola.

O badalar do sino
Anuncia,
A coroação do menino,
Batuqueiro, violeiro e cantador
Alegra o cortejo
Do pequeno imperador
Leiloeiro faz graça
Com a prenda na mão,
A banda toca com animação.

Oh! Que beleza,
A Festa do Divino,
Cores, músicas e danças
E fogos explodindo

Roda gira,
Gira roda,
Roda grande vai queimar,
Para a glória do Divino
Vamos todos festejar.

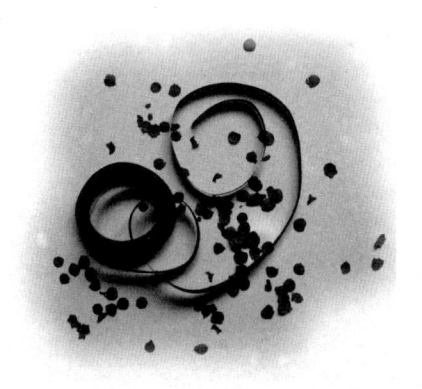

CARNAVAL, DESENGANO
DEIXEI A DOR EM CASA
ME ESPERANDO
E BRINQUEI E GRITEI E FUI
VESTIDO DE REI
QUARTA-FEIRA SEMPRE DESCE O PANO.
(Chico Buarque)

# Capítulo 37

## Somos de todos os santos

A simbiose entre religião católica, crenças autóctones e deuses do panteão africano deu ao Brasil uma cara muito especial. Certamente, essa mistura não é uma peculiaridade nossa, mas, não há dúvida, aqui, ela se processou de maneira muito especial. Isto porque desemboca na síntese cultural brasileira, que é o carnaval. Nos dias de hoje, as diversas manifestações artísticas produzidas ou cultivadas no Brasil encontram nas festas carnavalescas o estuário comum, o cenário ideal para sua comunicação com o povo, em geral, o arremate de um figurino que nos define e nos empolga.

Entre nós, o carnaval mudou de conceito para comportamento. As grandes explosões de alegria coletiva, tais como na Copa do Mundo, no final de um campeonato regional de futebol, na vitória da eleição de qualquer um, para qualquer posto, só contagiam quando viram carnaval. "Virar carnaval" é expressão, aliás, que está incorporada ao vernáculo. "Virou carnaval", "fez um verdadeiro carnaval", "um carnaval de nomeações", enfim, todas estão aí no uso diário.

Não obstante a presença de contingentes da população negro-escrava nas procissões e nos ritos católicos, nos tempos coloniais, contribuindo para seu aspecto lúdico, a primeira interseção religiosa foi feita através dos afoxés, que passaram a ser conhecidos como o lado profano do candomblé. Foi em 1895, em Salvador, que um grupo levou para as ruas certos preceitos ritualísticos conhecidos apenas por iniciados e nos terreiros. Daí ter ficado conhecido como "candomblé de rua". Na prática, era a retomada do elo africano, particularmente iorubá, que cultivava essas festas desde a pré-escravidão.

Em 1949, um grupo de estivadores de Salvador fundou o Afoxé Filhos de Gandhi. Antes de sair da sede, e até hoje é assim, o grupo faz uma cerimônia dedicada a Exu, exatamente como acontece no candomblé, saudando o orixá para que os caminhos sejam abertos e protegidos. Os cânticos entoados pelos participantes (na Bahia, até hoje, apenas homens participam) são os chamados "pontos", dedicados às entidades e com o toque de atabaque correspondente. Ficou, então, estabelecida a ponte entre o sagrado e o profano.

No Rio de Janeiro, no âmbito das escolas de samba, as religiões afro-brasileiras encontraram um veículo, não para cooptação, mas para a difusão do seu imaginário. Não é catequese, é exegese.

Não por acaso, o primeiro desfile-concurso foi promovido por um pai-de-santo, Zé Espinguela, do grupo fundador da Mangueira. É sabido que macumba (nome genérico das religiões africanas no Brasil) e samba sofreram virulenta perseguição da polícia até os anos 1940. Mas caminhavam juntos. Na casa da sempre louvada e reverenciada Tia Ciata, na Praça Onze, depois das obrigações religiosas, a batucada e o partido-alto grassavam soltos no quintal pela madrugada adentro.

É fácil observar que, não obstante a aproximação, as escolas não apresentavam enredos focalizando ou mencionando aspectos da religiosidade atávica dos negros brasileiros e, por extensão, do próprio povo. Só a partir de 1960, quando a Acadêmicos do Salgueiro enveredou pelo caminho da descoberta e da valorização de figuras populares, e esquecidas de nossa história, começando por Zumbi dos Palmares, é que o assunto passou a ser objeto de atenção. Se bem que existe, desde os primórdios das escolas de samba, uma analogia entre elas e os orixás, particularmente na cadência da bateria, que remete à batida consagrada a cada um, feita pelos atabaques.

No carnaval de 1976, coube a Mocidade Independente de Padre Miguel louvar a figura venerada de Escolástica Maria da Conceição Nazaré, a Mãe Menininha do Gantois, que reinou durante décadas como líder espiritual dos adeptos do candomblé. O samba "Menininha do Gantois" foi escrito por Toco e Djalma Crill, e faz referências a vários santos ou orixás:

Já raiou o dia,
A passarela vai se transformar

Num cenário de magia
Lembrando a velha Bahia
E o famoso Gantois.

Arerê... arerê
Candomblé vem da Bahia
Onde baixam os orixás.

Oh, meu pai Ogum na sua fé,
Sarava, Nana e Oxumaré,
Xangô, Oxossi,
Oxalá e Iemanjá
Filha de Oxum pra nos ajudar
Vem nos dar axé
Com os erês dos orixás.

Oh, minha mãe
Menininha
Vem ver, como toda cidade
Canta em seu louvor com a Mocidade.

As escolas de São Paulo também aderiram à idéia de focalizar temas religiosos afro-brasileiros. Em 1979, o Grêmio Cultural Renascença da Lapa desfilou com o samba-enredo "Na fé de Deus com alegria (das procissões às escolas de samba)", de autoria de Osvaldinho da Cuíca e Jangada:

Oswaldinho da Cuica: força do samba paulista.

Quenguerê
Arerê... arerê
Renascença chegou no axé de Oxalá,
Sensacional
No tempo do Brasil colonial
Já secular
A legendária Bahia

Saía a louvar
As divindades senhoriais,
Cortejo triunfal
Origens do nosso carnaval.

Tinha negro
Tinha negro, sim senhor
Festejando
'Na batida do tambor.

Voltamos ao passado
E nos sentimos felizes
Ao ver o negro afirmando
As suas raízes.

O branco põe na rua a procissão
Muamba negra ameniza a escravidão.

Herança de um povo altaneiro,
O carnaval brasileiro.

No mesmo carnaval, no Rio, a Imperatriz Leopoldinense apresentou "Oxumaré – Lenda do arco-íris", sobre a divindade que, além de ser representada pelo arco-íris, é ainda o orixá seis meses masculino e seis meses feminino. Os autores do samba são Gibi, Darcy do Nascimento e Dominguinhos do Estácio:

O arco-íris
Colorindo a passarela
Para Oxumaré passar
Os orixás estão em festa
Oi, deixa a gira girar

Bata palma, mãe pequena
Batam palmas iaôs,

Firma ponto meu ogan
No rufar do seu tambor.

Olha lá o arco-íris
Fazendo a natureza chorar
O menino vira menina
Quando por baixo passar
Diz a crendice popular.

O rei ficou ciente
De tudo que aconteceu
Por que foi que rios secaram
E o céu escureceu

E os negros africanos
Com sua tradição
Quando vêem o arco-íris
Fazem esta louvação:

Arroboboia, Oxumaré!
Arroboboia, Oxumaré!

A Portela realizou no desfile do sexagésimo aniversário, em 1984, a mitificação de alguns dos seus personagens mais emblemáticos, alinhado-os com as entidades do candomblé. Juntou Paulo da Portela (o fundador), Natal (o consolidador) e Clara Nunes (grande cantora e portelense convicta) numa grande homenagem e fez o samba-enredo "Contos de areia". O samba de Dedé da Portela e Norival Reis é de uma objetividade absoluta e pinça todos os ingredientes históricos da agremiação: a águia que abre todos os desfiles, o jogo do bicho, que tinha em Natal uma figura de proa e os vinte campeonatos vencidos.

Bahia é um encanto a mais
Visão de aquarela,

É o ABC dos orixás,
Oraniah é Paulo da Portela
Um mundo azul e branco
O Deus negro fez nascer
Paulo Benjamin de Oliveira
Fez este mundo crescer

Okê, okê, Oxossi
Faz nossa gente sambar,
Okê, okê, Natal
Portela é canto no ar.

Jogo feito, banca forte
Qual foi o bicho que deu,
Deu águia, símbolo da sorte
Pois vinte vezes venceu.

É cheiro de mato
É terra molhada
É Clara guerreira
Lá vem trovoada
Eparrei, Iansã, eparrei

Na ginga do estandarte
Portela derrama arte,
Neste enredo sem igual
Faz da vida poesia
E canta a sua alegria
Em tempo de carnaval,
Ê, Bahia!

Um dos mais fortes preceitos das religiões africana e brasileira, ou seja, do candomblé e da umbanda, são as oferendas. Em tempos idos, elas eram entregues discretamente em cachoeiras, mata fechada ou na praia tarde da noite. Hoje, a cerimônia saiu da clandestinidade, como se pode notar na noite de 31 de dezembro, e é tema de escolas, como a Unidos da Ponte no samba-enredo intitulado "Oferendas":

Axé!
O samba pisa forte no terreiro,
É mistério, é magia,
É mandingueiro

Malungo se liberta no Zambê
Esquece o banzo
É hora de oferecer
Pra Exu e Pomba-Gira
Tem marafo, tem dendê,
Muitas flores e pipocas
Para Obaluaê!
A Oxumaré
Creme de arroz e milho
Pra Iansã o acarajé,
Pai Oxalá, o nosso cantor de fé.

Tem amalá pra Xangô
Lá na pedreira
Tem caruru pros erês
Tem brincadeiras

E pra Oxóssi
Milho cozido no mel
Mãe Oxum, Omolocum
Pra Nana sarapatel
Mel de abelhas pra Ogum
Rosas brancas a Iemenjá,
Oferendas traz a Ponte
Em louvor aos orixás!

Como se pode perceber é um receituário das comidas dos santos, onde a liturgia não conflita com evolução e harmonia.

Uma inequívoca demonstração da interligação existente entre as religiões afro-brasileiras está presente no enredo que a Acadêmicos do Grande Rio escolheu para desfilar em 1994. Divindades, cultos, práticas cerimoniais, tudo cabe no samba escrito por Rocco Filho, Mais Velho, Helinho 107, Marquinho e Pipoca: "Os santos que a África não viu".

> África... misteriosa África,
> Magia, no rufar dos seus tambores
> Se fez reinar,
> Raiz que se alastrou
> Por esse imenso Brasil.
> Térrea dos santos que ela não viu,
> Da negra terra é lei,
> Veio o meu negro rei
> Ogum de fé que neste solo encantou,
> No mercado, os ciganos o venderam ao Senhor
> Do tumbeiro à senzala seu lamento ecoou!
>
> Plantou caiana... socou café
> Pilou dendê... pra benzer filho de fé!
> E no culto de malê,
> Viu no culto de malê
> Preto velho catimbó
> De um povo morenado
> Conheceu caboclo bravo,
> Fascinado por Tupã,
> Yara no rio, sereia do mar,
> E Janaína que seduz com seu cantar
> Correu gira pelo norte,
> Capoeira, azar ou sorte,
> No nordeste conheceu
> Quem viveu na boemia,

Malandragem, valentia
E até hoje não morreu.

Eu sou jongueiro, baiana
Sapucaí, eu vou passar
E a Grande Rio vem comigo saravá!
Quem sou eu... quem sou eu?
Tenho corpo fechado
Rei da noite, sou mais eu!

O nosso processo sincrético e religioso está, por inteiro, no samba que serviu para o desfile da Mocidade Independente de Padre Miguel, no carnaval de 1995. É notável a concisão dos autores que lograram contar a história cultural brasileira em 30 versos. "Padre Miguel, olhai por nós!", de Marquinho PQD, Santana, Wanderley Marcação e Cardoso do Cavaco:

Bravos navegantes portugueses
Encontraram o eldorado tropical, nosso chão,
Rezaram a primeira missa,
Abrindo as portas pra religião.
Mas o dono da terra, índio tupi
Se admirou, sem nada entender
Confundiram o seu credo natural,
Suas lendas e seu jeito de viver.

Vieram os negros africanos
Com seus tambores, orixás e suas manifestações,
Quantos imigrantes te abraçaram,
Mãe gentil, trazendo novas crenças pro Brasil,
E aí no meu país em louvação
Sagrou-se a mistificação
Com tantas festas e a livre devoção.
Com a bandeira do Divino
E o reisado me encantei

Da Lavagem do Bonfim à Cavalhada, delirei
Padre Cícero e os romeiros, quanta emoção!
A fé se espalhando no sertão.

É maravilhosa! É fascinante! É sedução!
A mídia anunciando e provocando tentação,
O paraíso do futuro é aqui
Com a nova era virá,
E hoje a Mocidade, devota de paixão
Te canta assim em forma de oração.

Padre Miguel, Padre Miguel
Olhai por nós, olhai por nós
Se liga que essa gente tão sofrida, meu senhor,
Tá sempre aguardando a sua voz!

No que diz respeito a cultura e religiosidade indígenas, a Beija-Flor de Nilópolis fez belo desfile no carnaval de 1998 abordando o tema com talento e propriedade. Escrito pela pajé Zeneida Lima, residente na Ilha de Marajó, o carnaval carioca abordou, pela primeira vez, o universo místico dos índios brasileiros. O samba, de autoria de Alencar de Oliveira, Baby, Wilsinho Paz, Noel Costa e Marcão, traduz com precisão "O mundo místico dos caruanas nas águas do patu-anu":

Beija-flor
E o mundo místico dos caruanas
Nas águas do patu-anu
Mostra a força do teu samba.

Contam que, no início do século,
Somente água existia aqui
Assim surgiu o Girador, ser criador
Das sete cidades, governadas por Auí
Em sua curiosidade, aliada à coragem

Com seu mundo ao fundo foi tragado
O que lá existia, aflorou; o criador semeou
Surgindo os seres viventes em geral
E de Auí se deu fauna, flora e mineral

Sou caruana, eu sou
Patu-anu nasceu do Girador, oba
Eu trago a paz, sabedoria e proteção
Curar o mundo é minha missão

Pajé, a pajelança está formada
Eu vou na barca encantada
Anhangá representa o mal
Invoque a energia de Auí
Pra vida sempre existir
Oferenda ao mar pra isentar a dor
Com a proteção dos caruanas, Beija-flor
A pajelança hoje é cabocla.
Na ilha de Marajó, vou dançar
O carimbó, o lundu e síria
Marujada e vaquejada
Minha escola vem mostrar
O folclore que encanta
O estado do Pará.

Assim como uma pajé, um sacerdote católico também escreveu enredo para escola de samba. Permanente colaborador com várias sugestões de enredo para a Candangos, uma escola de Rio Pardo, no Rio Grande do Sul, o padre Marcelo Guimarães Rezende, pároco na cidade Santa Cruz do Sul, também no Rio Grande, sempre teve em conta a importância das escolas para difusão cultural e contribuição para as causas que preocupam a humanidade nos dias atuais, como ecologia e paz. Pensando nisso, ele imaginou e propôs aos carnavalescos Renato Lage e Márcia Lávia que, na ocasião, estavam na Mocidade Independente de Padre

Miguel, um enredo que aproveitasse o fato da ONU ter proclamado 2001 o Ano Internacional por uma Cultura de Paz. A princípio, o título seria *Bandeira branca, eu peço paz*, referência à famosa marcha de Max Nunes e Laércio Alves, criação inesquecível de Dalva de Oliveira.

Com o desenvolvimento do enredo foi decidido, mais tarde, que o título definitivo seria *Paz e harmonia, Mocidade é alegria*. O samba escolhido foi o dos compositores Joãozinho, Marcelo do Rap, Domenil e J. Brito:

> Desperta uma luz, lá no céu clareou
> Unindo o céu e a terra
> Iluminando eu vou,
> Vem me abraçar! Felicidade!
> Plantei amor no coração
> Brotou a paz na humanidade
> Num beijo e um aperto de mão
> Eu vejo o bem vencer o mal
> Na Mocidade a alegria
> Trocou de mal com a tristeza
> É um povo em plena harmonia.
> Eu quero amar! Amor eu vou
> Ser feliz nessa paixão
> Minha arma é alegria
> Conquista seu coração!
>
> É bom meu país sem guerra
> Foi brincando com a terra
> Que a criança se encantou
> Na luz do sol da primavera
> É a flor da nova era que desabrochou
> Me embala num só coração
> Onde amar e ser amado
> Vem de Deus essa missão
> Nos olhos dos anjos da terra

Acendeu a luz eterna
Da bondade e da razão.
Explode o amor
É carnaval
O mundo se abraça
Pela paz universal!

Outro exemplo de saudável sintonia entre religião e carnaval foi-nos dado pelo padre José Ozy Alves Fogaça, gaúcho de São Jerônimo e que se tornou uma das maiores personalidades de Pelotas, cidade adotada por ele ainda na juventude. O padre Fogaça, como ficou conhecido, foi um dos fundadores da Sociedade Recreativa Bafo da Onça, em 1966, e desfilou muitas vezes representando figuras como Xavante, jogador do Grêmio Esportivo Brasil; Emerson Fittipaldi; rei Momo; e cacique Juruna.

Formado em teologia, pedagogia, filosofia e direito, o padre Fogaça freqüentava terreiros de umbanda e era sempre destaque da Escola de Samba General Telles. Sofreu várias censuras eclesiásticas, mas nunca renunciou à sua admiração pelas formas de crenças e artes populares.

O carnaval carioca, especialmente através das escolas de samba (essa invenção genial nascida do povo, intuitiva na origem e com desenvolvimento que espanta todos os observadores), é hoje a síntese da nossa nacionalidade. Dá o espelho que reflete o que somos, com as angústias, expectativas, frustrações, anseios, vitórias, enganos e desenganos que compõem o nosso retrato falado.

Assim, sobrepondo as diversas parcelas da criação artística, em todas as suas modalidades é o carnaval que tem preenchido a lacuna do desconhecimento que temos de nós mesmos. Lá aprendemos a história do Brasil através de uma trilha sonora, composta por vários sons e vozes, saídos da base que constrói o cotidiano sem receber de volta o que deveria ser nosso.

A grande maioria dos autores das músicas carnavalescas, atualmente com destaque para o samba-enredo, vem montada no seu próprio talento e no compromisso que se impôs de ser, a uma só vez, narradora e testemunha.

Logo, exercemos com naturalidade a crítica política e o fervor espiritual, paralelos à religião, não importa qual.

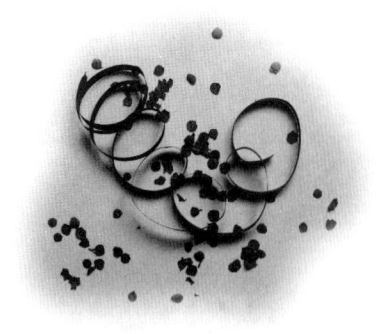

# Referências bibliográficas

ALENCAR, Edigar de. *O carnaval carioca através da música*. Rio de Janeiro: Livraria Freitas Bastos, 1965.

ANDRADE, Mário de. *Música, doce música*. São Paulo: Martins Editora, 1963.

ARAÚJO, Hiram. *Carnaval: seis milênios de história*. Rio de Janeiro: Editora Gryphus, 2000.

AUGRAS, Monique. *O Brasil do samba-enredo*. Rio de Janeiro: Editora FGV, 1998.

COSTA, Haroldo. *Salgueiro – Academia de samba*. Rio de Janeiro: Record, 1984.

_____ . *100 anos de carnaval no Rio de Janeiro*. São Paulo: Irmãos Vitale Editora, 2001.

CRULS, Gastão. *Aparência do Rio de Janeiro* (notícia histórica e descritiva da cidade). 2 vols. (Coleção Rio Quatro Séculos). Rio de Janeiro: Livraria José Olympio Editora, 1965.

EFEGÊ, Jota. *Figuras e coisas do carnaval carioca*. Rio de Janeiro: Editora MEC/Funarte, 1982.

ENEIDA. *História do carnaval carioca*. Rio de Janeiro: Record, 1987.

FARIAS, Julio Cesar. *O enredo de escola de samba*. Rio de Janeiro: Litteris Editora, 2006.

FERREIRA, Athos Damasceno. *O carnaval porto-alegrense no século XIX*. Porto Alegre: Livraria do Globo, 1970.

FERREIRA, Felipe. *O Livro de ouro do carnaval brasileiro*. Rio de Janeiro: Ediouro, 2005.

GÓES, Fred. *Brasil, mostra a sua máscara*. Rio de Janeiro: Editora Língua Geral, 2007.

LADURIE, Emmanuel Le Roy. *O carnaval de Romans*. Trad. Maria Lucia Machado. São Paulo: Companhia das Letras, 2002.

SILVA, Marília T. Barboza da & OLIVEIRA FILHO, Arthur L. de. *Silas de Oliveira – Do jongo ao samba-enredo*. Rio de Janeiro: Editora MEC/Funarte, 1981.

_____. *Cartola – Os tempos idos*. Rio de Janeiro: Editora MEC/Funarte, 1983.

SPIX & MARTIUS. *Viagem pelo Brasil – 1817-1820*. Minas Gerais: Editora Vila Rica, 1981.

URBANO, Maria Apparecida. *Sampa, samba, sambista – Osvaldinho da Cuíca*. São Paulo: Edição da Autora, 2004.

ORLOFF, Alexander. *Carnival – Mith and cult*. Wörgl (Áustria): Editora Perlinger-Verlag, 1981.

VIEIRA, Luís Fernando. *Sambas da Mangueira*. Rio de Janeiro: Editora Revan, 1998.

Este livro foi impresso a partir de
fotolitos fornecidos pelo cliente,
pela Ferrari Editora e Artes Gráficas
em Novembro de 2007